EQUAÇÕES DIFERENCIAIS ORDINÁRIAS

INTRODUÇÃO TEÓRICA
EXERCÍCIOS E APLICAÇÕES

JOSÉ MURTEIRA
PAULO SARAIVA

EQUAÇÕES DIFERENCIAIS ORDINÁRIAS

INTRODUÇÃO TEÓRICA
EXERCÍCIOS E APLICAÇÕES

EQUAÇÕES DIFERENCIAIS ORDINÁRIAS
INTRODUÇÃO TEÓRICA
EXERCÍCIOS E APLICAÇÕES

AUTORES
JOSÉ MURTEIRA
PAULO SARAIVA

EDITOR
EDIÇÕES ALMEDINA. SA
Av. Fernão Magalhães, n.º 584, 5.º Andar
3000-174 Coimbra
Tel.: 239 851 904
Fax: 239 851 901
www.almedina.net
editora@almedina.net

PRÉ-IMPRESSÃO I IMPRESSÃO I ACABAMENTO
G.C. GRÁFICA DE COIMBRA, LDA.
Palheira – Assafarge
3001-453 Coimbra
producao@graficadecoimbra.pt

Julho, 2010

DEPÓSITO LEGAL
314712/10

Os dados e as opiniões inseridos na presente publicação
são da exclusiva responsabilidade do(s) seu(s) autor(es).

Toda a reprodução desta obra, por fotocópia ou outro qualquer
processo, sem prévia autorização escrita do Editor, é ilícita
e passível de procedimento judicial contra o infractor.

Biblioteca Nacional de Portugal – Catalogação na Publicação

MURTEIRA, José, e outro

Equações diferenciais ordinárias : introdução
teórica, exercícios e aplicações / José Murteira,
Paulo Saraiva
ISBN 978-972-40-4250-3

I – SARAIVA, Paulo

CDU 517
378

ÍNDICE

Prefácio	9
I INTRODUÇÃO	11
1 DEFINIÇÕES PRELIMINARES	11
1.1 Exercícios resolvidos	14
Exercícios propostos	15
2 MUDANÇA DE VARIÁVEIS	16
2.1 Exercícios resolvidos	18
Exercícios propostos	19
II EQUAÇÕES DE PRIMEIRA ORDEM	21
1 INTRODUÇÃO	21
2 EQUAÇÃO DE VARIÁVEIS SEPARADAS	22
2.1 Definição e método de resolução	22
2.2 Exemplo	22
3 EQUAÇÃO DE VARIÁVEIS SEPARÁVEIS	22
3.1 Definição e método de resolução	22
3.2 Exercícios resolvidos	23
Exercícios propostos	24
4 EQUAÇÃO DIFERENCIAL TOTAL EXACTA	25
4.1 Definição e método de resolução	25
4.2 Exercícios resolvidos	26
Exercícios propostos	28
5 MÉTODO DO FACTOR INTEGRANTE	29
5.1 Definição e método de resolução	29
5.2 Exercícios resolvidos	31
Exercícios propostos	34
6 EQUAÇÃO LINEAR DE PRIMEIRA ORDEM	34
6.1 Definição e métodos de resolução	34

i. Método do factor integrante	35
ii. Método da variação das constantes	36
iii. Método de substituição	36
6.2 Exercícios resolvidos	37
Exercícios propostos	44

7 EQUAÇÕES REDUTÍVEIS À FORMA LINEAR ... 44

7.1 Equação de Bernoulli – tipo I	44
7.1.1 Definição e método de resolução	44
7.1.2 Exercícios resolvidos	45
Exercícios propostos	46
7.2 Equação de Bernoulli – tipo II	47
7.2.1 Definição e método de resolução	47
7.2.2 Exercícios resolvidos	48
Exercícios propostos	50
7.3 Equação de Ricatti	50
7.3.1 Definição e método de resolução	50
7.3.2 Exercícios resolvidos	52
Exercícios propostos	54

8 EQUAÇÃO HOMOGÉNEA ... 54

8.1 Definição e método de resolução	54
8.2 Exercícios resolvidos	55
Exercícios propostos	58

9 EQUAÇÕES HOMOGRÁFICAS ... 58

9.1 Definição e métodos de resolução	58
9.1.1 $\Delta = 0$	59
9.1.2 $\Delta \neq 0$	59
9.2 Exercícios resolvidos	60
Exercícios propostos	64

10 EQUAÇÕES DE PRIMEIRA ORDEM NÃO RESOLVIDAS ... 64

10.1 Equações resolúveis em ordem a y'	64
10.1.1 Definição e método de resolução	64
10.1.2 Exercícios resolvidos	64
10.2 Equações resolúveis em ordem a y	67
10.2.1 Definição e método de resolução	67
10.2.2 Exercícios resolvidos	68
10.3 Equações resolúveis em ordem a x	69
10.2.1 Definição e método de resolução	69
10.2.2 Exercícios resolvidos	70
Exercícios propostos	72

III EQUAÇÕES DE ORDEM SUPERIOR ... 73

1 INTRODUÇÃO	73

2 EQUAÇÕES DO TIPO $y^{(n)} = f(x)$ ... 74
2.1 Método de resolução ... 74
2.2 Exercícios resolvidos ... 74

3 EQUAÇÕES QUE NÃO ENVOLVEM x ... 75
3.1 Método de resolução ... 75
3.2 Exercícios resolvidos ... 76

4 EQUAÇÕES QUE NÃO ENVOLVEM y ... 78
4.1 Método de resolução ... 78
4.2 Exercícios resolvidos ... 79
Exercícios propostos ... 81

5 EQUAÇÃO LINEAR DE ORDEM n ... 82
5.1 Introdução ... 82
5.2 Equação linear de coeficientes constantes ... 84
   5.2.1 Equação homogénea de coeficientes constantes ... 85
      5.2.1.1 Método de resolução ... 85
      5.2.1.2 Exercícios resolvidos ... 91
      Exercícios propostos ... 93
   5.2.2 Equação não homogénea de coeficientes constantes ... 95
      5.2.2.1 Métodos de resolução ... 95
         i. Método de D'Alembert ... 95
         ii. Método da variação das constantes ... 96
         iii. Método de factorização dos operadores ... 97
         Caso particular:
         $g(x) = e^{ax}[R(x)\cos(bx) + S(x)\sin(bx)]$ ... 99
      5.2.2.2 Exercícios resolvidos ... 101
      Exercícios propostos ... 115
5.3 Equação linear de coeficientes variáveis ... 116
   5.3.1 Métodos de resolução ... 116
   5.3.2 Exercícios resolvidos ... 117
   5.3.3 Equação linear de Euler ... 118
      5.3.3.1 Definição e método de resolução ... 118
      5.3.3.2 Exercícios resolvidos ... 120
      Exercícios propostos ... 122

IV SISTEMAS DE EQUAÇÕES DIFERENCIAIS ... 125

1 INTRODUÇÃO ... 125

2 SISTEMAS NORMAIS ... 127
2.1 Método geral de resolução ... 127
2.2 Exercícios resolvidos ... 128
Exercícios propostos ... 131

3 SISTEMAS LINEARES DE COEFICIENTES CONSTANTES ... 132

3.1 Introdução	132
3.2 Métodos de resolução	133
i. Primeiro método: método simbólico	133
ii. Segundo método: aplicação da álgebra linear a sistemas lineares normais	135
3.3 Exercícios resolvidos	138
Exercícios propostos	149

V APLICAÇÕES ... 151

1 JUROS COMPOSTOS CONTINUAMENTE	151
2 MODELOS DEMOGRÁFICOS: EQUAÇÃO DIFERENCIAL LOGÍSTICA	153
3 DIFUSÃO DE INOVAÇÕES TECNOLÓGICAS	158
4 AJUSTAMENTO DE PREÇOS NO MERCADO	160
4.1 Ajustamento de preços (1)	160
4.2 Ajustamento de preços (2)	162
5 FUNÇÕES DE MORTALIDADE SIMPLES	163
5.1 Introdução	163
5.2 O modelo mais simples	164
5.3 Força de mortalidade	164
5.4 Lei de Gompertz	167
5.5 Lei de Makeham	168
5.6 Conclusão	169
6 PUBLICIDADE E VOLUME DE VENDAS	170
7 MODELO DE CRESCIMENTO ECONÓMICO NEO-CLÁSSICO	173
8 MODELO DE SOLOW DE CRESCIMENTO ECONÓMICO	176
9 MODELO TEIA DE ARANHA	177
10 AVALIAÇÃO EM LEILÕES	180
11 FUNÇÃO UTILIDADE COM AVERSÃO CONSTANTE AO RISCO	181
12 CURVA DE CURVATURA CONSTANTE	182
13 COMPORTAMENTO DO CONSUMIDOR	183
14 UM PROBLEMA DE PROBABILIDADE: A DISTRIBUIÇÃO *POISSON*	186
Exercícios propostos	189

EXERCÍCIOS GERAIS	195
SOLUÇÕES DOS EXERCÍCIOS PROPOSTOS	199
BIBLIOGRAFIA	215

PREFÁCIO

O presente texto baseia-se num conjunto de exercícios de equações diferenciais ordinárias, proposto, há já alguns anos, aos alunos de Economia e de Gestão de Empresas da Universidade Católica Portuguesa, em Lisboa. Dada a conveniência em disponibilizar, no presente, um manual em língua portuguesa sobre o mesmo assunto, aproveitou-se tal texto, complementando-o com uma síntese teórica, porventura adequada à abordagem minimamente fundamentada do tema, característica de um ensino que se pretende de nível superior. Por outro lado, dado o cariz instrumental das matérias expostas, no contexto de diversas licenciaturas, procurou manter-se em tal complemento teórico um nível relativamente acessível, ilustrando-se, mormente, a resolução de exercícios e a modelização de alguns casos práticos de interesse. De referir, mesmo assim, que se procurou manter alguma amplitude na definição do elenco de assuntos incluídos, sugerindo, do mesmo modo, pistas de aprofundamento de estudo aos eventuais interessados.

O texto proposto reveste, intencionalmente, um cariz introdutório. Exclui-se, por esta razão, assuntos diversos, como, por exemplo, determinação de soluções mediante desenvolvimentos em série, discussão das condições de estabilidade de soluções de sistemas de equações diferenciais ou, como o próprio título informa, equações diferenciais parciais. Como é óbvio, trata-se de temas mais avançados, que ultrapassam o âmbito de uma introdução. Em todo o caso, a compreensão das matérias aqui expostas supõe, mesmo assim, por parte do leitor, conhecimentos de cálculo diferencial (em $\Re$ e $\Re^2$) e integral (em $\Re$), ao nível do que é habitual nos primeiros anos da licenciatura. A exposição de sistemas de equações diferenciais (parte IV) supõe, também, conhecimentos de álgebra linear.

Como é óbvio, pode utilizar-se o texto de formas diversas, consoante o objectivo visado. Para uma disciplina semestral de cálculo, vários tipos de equações aqui expostos serão, naturalmente, de excluir. Por exemplo, tópicos como equações não resolvidas (II.10) ou sistemas de equações diferenciais (IV) afiguram-se claramente menos relevantes, em disciplinas introdutórias, do que equações de variáveis separáveis

(II.2, II.3), lineares (de primeira ordem – II.6, ou de ordem superior – III.5) ou diferenciais exactas (II.4). Como referido, o âmbito do livro é suficientemente lato para permitir diferentes usos e opções.

Vários são os contributos que beneficiaram o texto e que cumpre, por tal motivo, agradecer. Referência primeira para o apoio prestado na elaboração do manuscrito inicial pela equipa docente de Matemática na Universidade Católica Portuguesa, em particular o seu Regente, o saudoso Professor Doutor José Maria de Quadros e Costa. À Dra. Maria dos Anjos Saraiva, responsável durante mais de duas décadas pela disciplina de Matemática II na Faculdade de Economia da Universidade de Coimbra, agradece-se, entretanto, a amabilidade de uma leitura prévia e muito útil de uma primeira versão do texto. Eventuais incorrecções de natureza formal ou substancial são, obviamente, da exclusiva responsabilidade dos autores. Ousa-se, em todo o caso, esperar que, apesar de tais limitações, a presente publicação constitua um pequeno contributo para a formação dos estudantes aos quais se dirige.

José Murteira
Paulo Saraiva

I INTRODUÇÃO

1 DEFINIÇÕES PRELIMINARES

Designa-se *equação diferencial* toda a equação que relaciona uma *variável dependente* com uma ou mais *variáveis independentes*, e com as derivadas da variável dependente em ordem à(s) variável(is) independente(s). Se a equação envolve derivadas em ordem a uma única variável independente, denomina-se *equação diferencial ordinária*; caso contrário, designa-se *equação diferencial parcial*. No presente texto aborda-se apenas, como o próprio título indica, equações do primeiro tipo. Tais equações podem, pois, revestir a forma geral

$$F\left(x, y, \frac{dy}{dx}, ..., \frac{d^n y}{dx^n} \right) = 0 ,$$

em que x e y designam, respectivamente, as variáveis independente e dependente. A equação diz-se na *forma normal* se explicitada em termos da derivada de maior ordem ou seja, quando expressa na forma

$$\frac{d^n y}{dx^n} = f\left(x, y, \frac{dy}{dx}, ..., \frac{d^{n-1} y}{dx^{n-1}} \right) .$$

A *ordem* de uma equação coincide com a ordem da derivada de maior ordem aí incluída. Assim, a equação diferencial parcial

$$\frac{\partial^3 z}{\partial x^3} + 2 \frac{\partial z}{\partial x} + \frac{\partial^2 z}{\partial y^2} + \left(\frac{\partial z}{\partial x} \right)^4 = 0 \qquad (1.1)$$

é de ordem três. O *grau* de uma equação diferencial corresponde ao expoente da derivada de maior ordem presente na equação, após racionalização e eliminação de denominadores contendo derivadas. A equação (1.1) é de grau um, visto ser este o expoente de $\partial^3 z / \partial x^3$. Por seu turno, a equação de segunda ordem

$$\frac{d^2 y}{dx^2} = \sqrt{1 + y^2 + \frac{dy}{dx}}$$

tem grau dois, visto que, quando se elimina o radical, a derivada $d^2 y/dx^2$ vem elevada ao quadrado. No presente texto aborda-se no número II vários tipos de equações de primeira ordem, reservando-se o número III para as equações de ordem superior. Ambos os grupos incluem exemplos de equações do primeiro grau, como de grau superior.

Se se recorre a mais do que uma equação para definir um conjunto de variáveis dependentes relacionadas, resulta um *sistema de equações diferenciais*. Por exemplo,

$$\begin{cases} x^2 \dfrac{dy}{dx} + \dfrac{dz}{dx} = 2 \\ \dfrac{dy}{dx} - x \dfrac{dz}{dx} = e^x \end{cases}$$

constitui um sistema de duas equações diferenciais ordinárias, de ordem e grau um. Expõe-se sucintamente no número IV alguns métodos de resolução de sistemas de equações ordinárias.

Qualquer relação funcional entre as variáveis, que verifica a equação, designa-se *solução* ou *integral* da equação. *Resolver* ou *integrar* uma equação diferencial consiste em determinar uma tal relação funcional. Assim, a solução de

$$\frac{dy}{dx} - 2xy = 0 \tag{1.2}$$

pode consistir em

$$y = e^{x^2}, \tag{1.3}$$

uma vez que, substituindo tal expressão de y em (1.2), resulta a identidade

$$e^{x^2} 2x - 2xe^{x^2} \equiv 0.$$

Refira-se que o integral de uma equação pode não explicitar uma das variáveis como função estrita da outra. Apenas se exige que a relação entre ambas as variáveis converta a equação em identidade. Por exemplo, a solução de (1.2) pode também escrever-se

$$\frac{\log y}{x} - x = 0.$$

Pode também suceder que o integral de uma equação não consiga exprimir-se como um número finito de funções elementares. Tal ocorre, por exemplo, com a equação

$$x\frac{dy}{dx} - \sin x = 0,$$

cuja solução se pode escrever $y = \int (\sin x / x)\,dx$ ou, em alternativa, como integral da série de potências representativa da função integranda, $\sin x/x$. Todavia, nem por isso se rejeita, em tais casos, os termos "solução" ou "integral", para designar a relação funcional em causa. Cabe aqui referir que não se inclui, no presente texto, equações cuja resolução implique a integração em série.

Note-se, entretanto, que em ambos os exemplos anteriores as expressões do integral constituem *uma* solução, de entre uma infinidade de outras possíveis. Com referência, por exemplo, a (1.2), de imediato se verifica que qualquer função do tipo

$$y = Ce^{x^2}, \ (C\text{: constante arbitrária})$$

constitui seu integral. A família de funções assim definida recebe o nome de *solução geral* ou *integral geral* da equação, reservando-se para qualquer função membro da família — como, por exemplo, (1.3) — o termo *solução particular* ou *integral particular*. Como é óbvio, obtém-se este a partir daquele, mediante a concretização do valor da constante C. Geometricamente, a solução geral representa uma família de curvas dependentes do valor do parâmetro, correspondendo cada uma a uma função que satisfaz a equação. Caso se pretenda, por exemplo, a solução particular da equação (1.2), que passa pelo ponto (0,1), vem

$$1 = Ce^{0^2} = C,$$

de que resulta a solução particular (1.3).

Generalizando, mostra-se que uma equação de ordem n admite, como solução geral, uma relação funcional da forma

$$\phi(x, y, C_1, C_2, ..., C_n) = 0, \qquad\qquad (1.4)$$

denotando C_1, C_2, ..., C_n, n constantes arbitrárias e independentes entre si. Qualquer solução da equação obtida da solução geral mediante a atribuição de valores às constantes arbitrárias, se designa solução ou integral particular. Via de regra, este resulta da imposição de condições adicionais, que permitem obter tais valores. Tais condições designam-se *condições iniciais*, se se trata de condições dadas em determinado ponto do intervalo em que a equação é considerada, ou *condições de fronteira*, se se referem a dois ou mais pontos distintos deste intervalo.

Algumas equações admitem soluções que não resultam da atribuição de valores concretos aos parâmetros arbitrários incluídos na solução geral. Por exemplo,

$$y^2\left[\left(\frac{dy}{dx}\right)^2 + 1\right] = r^2,$$

admite, para além do integral geral

$$(x - C)^2 + y^2 = r^2, \tag{1.5}$$

as soluções $y = \pm r$, que não são casos particulares de (1.5). Tais funções, cujo estudo se omite no presente texto, designam-se *soluções* ou *integrais singulares*.[1]

1.1 Exercícios resolvidos

1. Mostre que cada uma das seguintes equações diferenciais admite, como solução geral, a função indicada:

a) $x\dfrac{dy}{dx} - y + x\sqrt{x^2 - y^2} = 0$; $y = x\sin(C - x)$.

Resolução: Derive-se a função y em ordem a x:

$$y = x\sin(C - x) \Rightarrow \frac{dy}{dx} = \sin(C - x) - x\cos(C - x).$$

Substituindo na equação, vem

$$x[\sin(C - x) - x\cos(C - x)] - x\sin(C - x) + x\sqrt{x^2 - x^2\sin^2(C - x)} =$$

$$-x^2\cos(C - x) + x^2\sqrt{1 - \sin^2(C - x)} \equiv 0. \quad Resposta.$$

b) $(8y + 10x)dx + (5y + 7x)dy = 0$; $(x + y)^2(2x + y)^3 = C$.

---

[1] A solução singular corresponde à envolvente das curvas representativas da solução geral.

Res.: Diferencie-se a relação indicada para integral geral da equação:

$$(x+y)^2(2x+y)^3 = C \Rightarrow$$

$$2(x+y)(dx+dy)(2x+y)^3 + (x+y)^2 3(2x+y)^2(2dx+dy) = 0 \Leftrightarrow$$

$$2(dx+dy)(2x+y) + (x+y)3(2dx+dy) = 0;$$

agrupando os termos em dx e em dy, obtém-se a equação dada

$$(8y+10x)dx + (5y+7x)dy = 0,$$

o que confirma a relação entre x e y como integral geral da mesma. *Resp..*

c) $\dfrac{d^2y}{dx^2} + y = 0$; $y = C_1 \sin x + C_2 \cos x$.

Res.: Derivando y em ordem a x duas vezes, obtém-se

$$y = C_1 \sin x + C_2 \cos x \Rightarrow \frac{dy}{dx} = C_1 \cos x - C_2 \sin x \Rightarrow \frac{d^2y}{dx^2} = -C_1 \sin x - C_2 \cos x.$$

A substituição de y e d^2y/dx^2 na equação conduz à identidade

$$-C_1 \sin x - C_2 \cos x + C_1 \sin x + C_2 \cos x \equiv 0. \quad \textit{Resp..}$$

2. Formar a equação diferencial das curvas definidas por $\log(x/y) = x + Cy$.

Res.: Derive-se a relação indicada em ordem a x; vem

$$\frac{1}{x} - \frac{dy/dx}{y} = 1 + C\frac{dy}{dx} \Leftrightarrow \frac{dy}{dx}\left(C + \frac{1}{y}\right) = \frac{1}{x} - 1 \Leftrightarrow \frac{dy}{dx} = \frac{(1-x)y}{(1+Cy)x}.$$

dado que $Cy = \log(x/y) - x$, resulta a equação

$$\frac{dy}{dx} = \frac{(1-x)y}{[1+\log(x/y)-x]x}. \quad \textit{Resp..}$$

Exercícios propostos

1. Classifique as seguintes equações diferenciais:

a) $\dfrac{dv}{du} + u^2 v = \cos u$.

b) $\dfrac{\partial^2 v}{\partial y^2} + \dfrac{\partial^2 v}{\partial x^2} = \dfrac{\partial^2 v}{\partial t^2}$.

c) $\dfrac{d^2 y}{du^2} = \sqrt[3]{\dfrac{1}{y} + \left(\dfrac{dy}{du}\right)^4}$.

2. Verificar as soluções indicadas para cada uma das seguintes equações.

a) $\left(\dfrac{dy}{dx}\right)^2 - \dfrac{dy}{dx} - x\dfrac{dy}{dx} + y = 0$; $y = Cx + C - C^2$.

b) $\dfrac{d^3 x}{dy^3} + \dfrac{3}{y}\dfrac{d^2 x}{dy^2} = 0$; $x = C_1 y + \dfrac{C_2}{y} + C_3$.

c) $\dfrac{du}{dv} = \dfrac{1 + u^2}{1 + v^2}$; $u = \dfrac{v + C}{1 - Cv}$.

d) $yy'' = 2y'^2 - 2y^3$; $y = 1/\left(x^2 + C_1 x + C_2\right)$.

3. Formar a equação diferencial da família de curvas definidas pelas expressões

a) $y = Cx$.

b) $\log y = Cy + x$.

c) $x = C\cos y - y$.

2   MUDANÇA DE VARIÁVEIS

Com alguma frequência se simplificam expressões com diferenciais, mediante a introdução de uma ou mais variáveis em substituição das variáveis originais. Quando tal ocorre numa equação diferencial, obtém-se uma nova equação, porventura simples de integrar com recurso a um método previamente estabelecido. Daí a oportunidade do tema, no âmbito de uma introdução ao estudo de equações diferenciais.[2]

Seja uma função arbitrária de duas variáveis, x e y, e das sucessivas derivadas de y em ordem a x. Denote-se tal função por

$$F\left(x, y, \frac{dy}{dx}, \frac{d^2 y}{dx^2}, \ldots\right). \qquad (1.6)$$

---

[2]   Pode encontrar-se uma excelente exposição do assunto em Saraiva e Silva (1993, c. XI).

Suponha-se a introdução de uma nova variável dependente, w, em substituição de y, relacionada com esta e com x através da equação

$$f(x, y, w) = 0.\tag{1.7}$$

Considere-se o caso mais simples, com (1.7) resolúvel em ordem a y, de que resulta

$$y = \phi(x, w).$$

Para obter a transformada de (1.6), basta substituir y, dy/dx, d^2y/dx^2, ... por ϕ e as expressões deste obtidas, por sucessiva derivação em ordem a x. Por exemplo, para a primeira derivada, vem

$$\frac{dy}{dx} = \frac{\partial\phi}{\partial x} + \frac{\partial\phi}{\partial w}\frac{dw}{dx}.$$

Dado que y não intervém em ϕ nem nas suas derivadas em ordem a x, o processo é suficiente para eliminar y da função F, substituindo-a pela variável w.

Caso se pretenda substituir a variável independente, x, por w, deve proceder-se como segue. Considere-se apenas, também, o caso mais simples, em que (1.7) pode explicitar-se em termos de x, de acordo com

$$x = \psi(y, w).\tag{1.8}$$

A sua derivação em ordem a w conduz a

$$\frac{dx}{dw} = \frac{\partial\psi}{\partial w} + \frac{\partial\psi}{\partial y}\frac{dy}{dw} = f\left(w, y, \frac{dy}{dw}\right),$$

expressão esta que não envolve x. Deste modo, aplicando sucessivamente as regras de derivação das funções composta e inversa, resulta

$$\frac{dy}{dx} = \frac{dy}{dw}\frac{dw}{dx} = \frac{dy}{dw}\frac{1}{f}.\tag{1.9}$$

Se a expressão a transformar não envolve derivadas de ordem superior, basta aí introduzir (1.8) e (1.9), para eliminar nessa expressão a variável x. Se, por outro lado, (1.6) inclui tais derivadas, torna-se necessário continuar o processo. Por exemplo,

$$\frac{d^2y}{dx^2} = \frac{d}{dx}\left(\frac{dy}{dx}\right) = \frac{d}{dx}\left(\frac{dy}{dw}\frac{1}{f}\right) =$$

$$\frac{d}{dw}\left(\frac{dy}{dw}\frac{1}{f}\right)\frac{dw}{dx} = \frac{d}{dw}\left(\frac{dy}{dw}\frac{1}{f}\right)\frac{1}{f},$$

18   *Equações Diferenciais Ordinárias*

e assim sucessivamente, para as seguintes derivadas. Embora estas expressões se afigurem complexas, o respectivo método de dedução não reveste especial dificuldade. Como fórmulas de aplicação directa, não têm grande importância, porque, uma vez apreendido, torna-se relativamente fácil repetir os passos do método perante uma expressão concreta a transformar. O exercício resolvido 1.b) ilustra bem este ponto.

2.1 Exercícios resolvidos

1. Determinar as transformadas das equações, mediante as substituições indicadas.

a) $\dfrac{d^2y}{dx^2} = 1 + \dfrac{2(1+y)}{1+y^2}\left(\dfrac{dy}{dx}\right)^2$; $y = \tan z$.

Resolução: De $y = \tan z$, resultam

$$\frac{dy}{dx} = \sec^2 z \frac{dz}{dx},$$

$$\frac{d^2y}{dx^2} = 2\sec z \sec z \tan z \left(\frac{dz}{dx}\right)^2 + \sec^2 z \frac{d^2z}{dx^2} = \sec^2 z \left[2\tan z \left(\frac{dz}{dx}\right)^2 + \frac{d^2z}{dx^2}\right].$$

Substituindo y e suas derivadas na equação dada, fica

$$\sec^2 z \left[2\tan z \left(\frac{dz}{dx}\right)^2 + \frac{d^2z}{dx^2}\right] = 1 + \frac{2(1+\tan z)}{1+\tan^2 z}\sec^4 z \left(\frac{dz}{dx}\right)^2 \Leftrightarrow$$

$$\left(\frac{dz}{dx}\right)^2 2\tan z \sec^2 z + \sec^2 z \frac{d^2z}{dx^2} = 1 + 2(1+\tan z)\sec^2 z \left(\frac{dz}{dx}\right)^2 \Leftrightarrow$$

$$\sec^2 z \frac{d^2z}{dx^2} = 1 + 2\sec^2 z \left(\frac{dz}{dx}\right)^2 \Leftrightarrow \frac{d^2z}{dx^2} - 2\left(\frac{dz}{dx}\right)^2 = \cos^2 z .\quad \textit{Resposta.}$$

b) $x^4 \dfrac{d^2y}{dx^2} + a^2 y = 0$; $x = \dfrac{1}{t}$.

Res.: De $x = 1/t$, resultam

$$\frac{dy}{dx} = \frac{dy/dt}{dx/dt} = \frac{dy/dt}{-1/t^2} = -t^2 \frac{dy}{dt},$$

$$\frac{d^2 y}{dx^2} = \frac{d}{dx}\left(-t^2 \frac{dy}{dt}\right) = \frac{d}{dt}\left(-t^2 \frac{dy}{dt}\right)\frac{1}{dx/dt} =$$

$$\left(-2t\frac{dy}{dt} - t^2 \frac{d^2 y}{dt^2}\right)\frac{1}{-1/t^2} = t^3\left(t\frac{d^2 y}{dt^2} + 2\frac{dy}{dt}\right).$$

Substituindo na equação dada, obtém-se

$$\frac{1}{t^4}t^3\left(t\frac{d^2 y}{dt^2} + 2\frac{dy}{dt}\right) + a^2 y = 0 \Leftrightarrow \frac{d^2 y}{dt^2} + \frac{2}{t}\frac{dy}{dt} + a^2 y = 0. \quad Resp..$$

c) $dy/dx + cy = a$; $w = e^{cx} y$.

Res.: A partir da relação $w = e^{cx} y$, vem

$$\frac{dw}{dx} = e^{cx} cy + e^{cx}\frac{dy}{dx} \Leftrightarrow \frac{dy}{dx} = e^{-cx}\frac{dw}{dx} - cy .$$

A equação dada resulta

$$e^{-cx}\frac{dw}{dx} - cy + cy = a \Leftrightarrow \frac{dw}{dx} = ae^{cx}. \quad Resp..$$

2. Transformar a expressão $x^2 \dfrac{d^2 y}{dx^2} + 4x\dfrac{dy}{dx} + 2y$ considerando $a^2 y - w = 0$.

Res.: De $a^2 y - w = 0$, obtém-se

$$y = \frac{w}{x^2} \Rightarrow \frac{dy}{dx} = \frac{1}{x^2}\frac{dw}{dx} - \frac{2w}{x^3} \Rightarrow \frac{d^2 y}{dx^2} = \frac{1}{x^2}\frac{d^2 w}{dx^2} - \frac{4}{x^3}\frac{dw}{dx} + \frac{6}{x^4}w .$$

Substituindo estas igualdades na expressão dada, resulta

$$\frac{d^2 w}{dx^2} - \frac{4}{x}\frac{dw}{dx} + \frac{6}{x^2}w + \frac{4}{x}\frac{dw}{dx} - 8\frac{w}{x^2} + 2\frac{w}{x^2} = \frac{d^2 w}{dx^2}. \quad Resp..$$

Exercícios propostos

1. Obter as transformadas das expressões, procedendo à substituição indicada.

a) $\dfrac{d^2 y}{dx^2} + \dfrac{2}{x}\dfrac{dy}{dx} + y = 0$; $w = xy$.

b) $\quad x^2 \dfrac{d^2 y}{dx^2} - \dfrac{x^2}{2y}\left(\dfrac{dy}{dx}\right)^2 + 4x\dfrac{dy}{dx} + 4y = 0 \; ; \; w = \sqrt{y}$.

c) $\quad \dfrac{dy}{dx} = \dfrac{1}{x}\sqrt{1 - y^2}\,\arcsin y \; ; \; y = \sin w$.

2. Dados $x = e^w$, $z = e^{-w} \dfrac{d^m y}{dw^m}$, determinar $\dfrac{dz}{dx}$ em termos de w e y.

3. Considere a equação $\dfrac{d^2 y}{dx^2} - 3\dfrac{dy}{dx} + 2y = 0$; indique a equação resultante de cada

uma das transformações seguintes:

a) $\quad x = \dfrac{1}{t}$.

b) $\quad x = \log t$.

c) $\quad y = e^u$.

II EQUAÇÕES DE PRIMEIRA ORDEM

1 INTRODUÇÃO

Podem classificar-se as equações de primeira ordem em *equações resolvidas* e *equações não resolvidas*. Diz-se que uma equação ordinária de primeira ordem é resolvida, se pode escrever-se na forma normal, ou seja

$$\frac{dy}{dx} = f(x,y). \tag{2.1}$$

Caso contrário, a equação denomina-se não resolvida. Com referência a equações resolvidas, enuncie-se, sem demonstração, o seguinte teorema, mediante o qual se assegura a existência e unicidade do integral de tais equações.

Teorema de existência e unicidade

Seja f: $D \subseteq \Re^2 \to \Re$, *contínua e admitindo derivada parcial* f_y, *limitada em todo o domínio* D. *Nestas condições, a equação diferencial (2.1) possui uma e uma só solução* y = y(x), *a qual, para* $x = x_0$, *toma o valor* y_0, $\forall(x_0, y_0) \in i(D)$, *em que* i(D) *designa o interior do domínio* D.

Nos números II.2 a II.9 apresentam-se diversos tipos de equações resolvidas, reservando-se o número II.10 para a determinação de soluções gerais de equações de primeira ordem não resolvidas. Como já referido, não se inclui no texto a determinação de integrais singulares.

2 EQUAÇÃO DE VARIÁVEIS SEPARADAS

2.1 Definição e método de resolução

Uma equação diferencial de *variáveis separadas* é uma equação do tipo

$$f(x)dx + g(y)dy = 0.$$

A sua integração é imediata, obtendo-se a solução geral

$$\int f(x)dx + \int g(y)dy = C.$$

2.2 Exemplo

$$\frac{1}{\sqrt{1-x^2}}dx - \frac{y}{1+y^2}dy = 0.$$

Resolução: Integrando cada um dos termos da equação, vem

$$\int \frac{1}{\sqrt{1-x^2}}dx - \int \frac{y}{1+y^2}dy = C \Leftrightarrow \arcsin x - \frac{1}{2}\log\left(1+y^2\right) = C. \quad \textit{Resposta.}$$

3 EQUAÇÃO DE VARIÁVEIS SEPARÁVEIS

3.1 Definição e método de resolução

Seja a equação de primeira ordem

$$A(x,y)dx + B(x,y)dy = 0; \tag{2.2}$$

diz-se que esta equação é de *variáveis separáveis*, quando se pode factorizar $A(x,y)$ e $B(x,y)$ na forma

$$A(x,y) = A_1(x)A_2(y), \ B(x,y) = B_1(x)B_2(y).$$

Dividindo a equação por $B_1(x)A_2(y)$, pode escrever-se

$$\frac{A_1(x)}{B_1(x)}dx + \frac{B_2(y)}{A_2(y)}dy = 0.$$

Esta equação é de integração imediata, obtendo-se, para integral geral,

$$\int \frac{A_1(x)}{B_1(x)} dx + \int \frac{B_2(y)}{A_2(y)} dy = C \,.^{(3)}$$ (2.3)

3.2 Exercícios resolvidos

1. $ydx + xdy = 0$.

    Resolução: Dividindo toda a equação por xy, resulta

    $\dfrac{dx}{x} - \dfrac{dy}{y} = 0$.   Integrando termo a termo, vem

    $\log x - \log y = C_1 \Leftrightarrow \log \dfrac{x}{y} = C_1 \Leftrightarrow y = Cx$, ($C = e^{C_1}$).   *Resposta.*

2. $\dfrac{dy}{dx} = \dfrac{1+y}{1-x}$.

    Res.: A equação dada equivale a

    $\dfrac{dy}{1+y} = \dfrac{dx}{1-x} \Leftrightarrow \dfrac{dy}{1+y} - \dfrac{dx}{1-x} = 0$;

    integrando, obtém-se

    $\log(1+y) + \log(1-x) = C_1 \Leftrightarrow \log[(1+y)(1-x)] = C_1 \Leftrightarrow (1+y)(1-x) = C$.   *Resp..*

3. $\sqrt{1-x^2}\,dy + \sqrt{1-y^2}\,dx = 0$.

    Res.: Dividindo toda a equação por $\sqrt{(1-x^2)(1-y^2)}$, sai

    $\dfrac{dy}{\sqrt{1-y^2}} + \dfrac{dx}{\sqrt{1-x^2}} = 0$,

---

[3]   Refira-se que, se y_0 é raiz da equação $A_2(y) = 0$, a equação admite também a solução $y = y_0$. (Observe-se que, de $y = y_0$, resulta $dy = 0$, pelo que a equação (2.2) se converte em identidade.) De igual modo, qualquer raiz x_0 da equação $B_1(x) = 0$ conduz a uma solução da equação, da forma $x = x_0$. Trata-se, em geral, de funções não englobadas formalmente na solução (2.3) e cuja determinação se omite nos exercícios resolvidos apresentados.

cuja integração conduz a

$$\arcsin y + \arcsin x = C_1 \Leftrightarrow \sin(\arcsin y + \arcsin x) = \sin C_1 = C \Leftrightarrow$$

$$y\sqrt{1-x^2} + x\sqrt{1-y^2} = C. \quad Resp..$$

4. $\left(x^2 - yx^2\right)\dfrac{dy}{dx} + y^2 + xy^2 = 0.$

Res.: Multiplicando a equação por dx e dividindo-a por $(xy)^2$, resulta

$$\frac{1-y}{y^2} dy + \frac{1+x}{x^2} dx = 0.$$

Integrando cada parcela, vem

$$-1/y - 1/x - \log y + \log x = C. \quad Resp..$$

5. Determinar o integral particular de $\left(1 + e^x\right)y\dfrac{dy}{dx} = e^x$, que verifica $y(0) = 1$.

Res.: Determinação do integral geral:

$$\left(1 + e^x\right)y\frac{dy}{dx} = e^x \Leftrightarrow ydy = \frac{e^x}{1+e^x} dx \; ;$$

integrando, obtém-se a solução geral

$$\frac{y^2}{2} = \log\left(1 + e^x\right) + C.$$

Determinação do integral particular:

$$y(0) = 1 \Rightarrow 1/2 = \log\left(1 + e^0\right) + C \Leftrightarrow C = 1/2 - \log 2.$$

A solução particular vem

$$y^2/2 = \log\left(1 + e^x\right) + 1/2 - \log 2. \quad Resp..$$

Exercícios propostos

1. $x(dy/dx) + y^2 = 1.$

2. $\sin x \cos^2 y dx + \cos^2 x dy = 0.$

3. $(1 + y)(dy/dx) = x^2(1 - y).$

4. $\sqrt{1 - x^2}\, dy = \left(1 + y^2\right)dx.$

5. $x^2(a+y)^2(dy/dx-1)=y^2-2ax^2y+a^2$, $a \in \Re$.

6. $\dfrac{dy}{dx}=1+\dfrac{1}{x}-\dfrac{1}{y^2+2}-\dfrac{1}{x(y^2+2)}$.

7. $3e^x \tan y dx + (1-e^x)\sec^2 y dy = 0$.

8. $(x^2+x^2y)dx = ye^x dy$.

9. $xy(dy/dx)+y^2 = 1+\sqrt{1-y^2}$.

10. Determine as soluções particulares das equações, com as condições dadas:

a) $\dfrac{dx}{dy}+ye^x = y^2e^x$; $x(0)=-2$.

b) $\dfrac{dx}{dy}(1-x^2)+(xy)^3 = 3xy^3$, $y(2)=0$.

4 EQUAÇÃO DIFERENCIAL TOTAL EXACTA

4.1 Definição e método de resolução

Diz-se que a expressão

$$A(x,y)dx + B(x,y)dy = 0 \tag{2.4}$$

é uma *equação diferencial total exacta* (DTE), se existir uma função F tal, que

$$dF(x,y) = A(x,y)dx + B(x,y)dy.$$

A equação (2.4) corresponde neste caso a

$$dF(x,y)=0, \tag{2.5}$$

cuja solução geral se pode escrever

$$F(x,y)=C. \tag{2.6}$$

De (2.5) resultam

$$A(x,y)=\frac{\partial F}{\partial x}, \ B(x,y)=\frac{\partial F}{\partial y}, \tag{2.7}$$

logo, por aplicação do teorema de Schwarz,

$$\frac{\partial A}{\partial y} = \frac{\partial^2 F}{\partial x \partial y} = \frac{\partial^2 F}{\partial y \partial x} = \frac{\partial B}{\partial x}.$$

Em suma, uma equação de primeira ordem é DTE, se se verificar a condição

$$\frac{\partial A}{\partial y} = \frac{\partial B}{\partial x}.$$

Para determinar a função F ou seja, para resolver a equação, pode proceder-se do seguinte modo: a partir de (2.7) obtém-se, por exemplo,

$$F(x, y) = \int A(x, y)dx + \varphi(y),$$

em que φ representa uma função de y a determinar. A sua identificação resulta de

$$\frac{\partial F}{\partial y} = \frac{\partial}{\partial y}\left[\int A(x,y)\, dx\right] + \varphi'(y) = B(x,y).$$

Em alternativa pode escrever-se

$$F(x, y) = \int B(x, y)dy + \psi(x),$$

identificando-se ψ a partir da igualdade

$$\frac{\partial F}{\partial x} = \frac{\partial}{\partial x}\left[\int B(x,y)dy\right] + \psi'(x) = A(x,y).$$

Da completa identificação de $F(x, y)$ resulta imediatamente o integral geral da equação, dado, como referido, em (2.6).

4.2 Exercícios resolvidos

1. $(2ax + by + e)dx + (2gy + bx + h)dy = 0$, a, b, e, g, h constantes.

   Resolução: A equação é uma DTE, visto que, de $A(x, y) = 2ax + by + e$, $B(x, y) = 2gy + bx + h$, resulta

   $$\frac{\partial A}{\partial y} = b = \frac{\partial B}{\partial x}.$$

   A equação corresponde, pois, a $dF(x, y) = 0$, determinando-se $F(x, y)$ através de

   $$F(x, y) = \int (2ax + by + e)dx + \varphi(y) = ax^2 + bxy + ex + \varphi(y).$$

Identificação de $\varphi(y)$:

$$\frac{\partial F}{\partial y} = \frac{\partial}{\partial y}\left(ax^2 + bxy + ex\right) + \varphi'(y) = B(x,y) \Leftrightarrow bx + \varphi'(y) = 2gy + bx + h \Leftrightarrow$$

$$\varphi'(y) = 2gy + h \Leftarrow \varphi(y) = gy^2 + hy.$$

Deste modo, a solução geral da equação vem

$$F(x,y) = C \Leftrightarrow ax^2 + ex + gy^2 + hy + bxy = C. \quad Resposta.$$

2. $\quad \dfrac{1}{x}\left(1 + \dfrac{y^2}{x}\right)dx - \dfrac{2y}{x}\,dy = 0.$

Res.: Sejam, respectivamente,

$$A(x,y) = \frac{1}{x}\left(1 + \frac{y^2}{x}\right), \ B(x,y) = -\frac{2y}{x};$$

resulta

$$\frac{\partial A}{\partial y} = \frac{2y}{x^2} = \frac{\partial B}{\partial x},$$

pelo que a equação é DTE, correspondendo a $dF(x,y) = 0$. Cálculo de $F(x,y)$:

$$F(x,y) = \int\left(-\frac{2y}{x}\right)dy + \psi(x) = -\frac{y^2}{x} + \psi(x).$$

Identificação de $\psi(x)$:

$$\frac{\partial F}{\partial x} = \frac{\partial}{\partial x}\left(-\frac{y^2}{x}\right) + \psi'(x) = A(x,y) \Leftrightarrow \frac{y^2}{x^2} + \psi'(x) = \frac{1}{x}\left(1 + \frac{y^2}{x}\right) \Leftrightarrow$$

$$\psi'(x) = \frac{1}{x} \Leftarrow \psi(x) = \log x.$$

Deste modo, a solução geral da equação vem

$$F(x,y) = C \Leftrightarrow \log x - \frac{y^2}{x} = C. \quad Resp..$$

3. $\quad e^y dx + \left(xe^y - 2y\right)dy = 0.$

Res.:

$$A(x,y) = e^y, B(x,y) = xe^y - 2y \Rightarrow \frac{\partial A}{\partial y} = e^y = \frac{\partial B}{\partial x}.$$

A equação é uma DTE. A sua solução é do tipo $F(x,y) = C$, em que

$$F(x,y) = \int e^y dx + \varphi(y) = xe^y + \varphi(y).$$

Identificação de $\varphi(y)$:

$$\frac{\partial F}{\partial y} = \frac{\partial}{\partial y}(xe^y) + \varphi'(y) = B(x,y) \Leftrightarrow xe^y + \varphi'(y) = xe^y - 2y \Leftrightarrow$$

$$\varphi'(y) = -2y \Leftarrow \varphi(y) = -y^2.$$

Integral geral:　　$F(x,y) = C \Leftrightarrow xe^y - y^2 = C$.　　*Resp.*

4.　　$\dfrac{dy}{dx}(x\log x - x + ye^y) + y\log x = 0$.

Res.: Multiplicando a equação por dx, vem

$$(x\log x - x + ye^y)dy + y\log x\, dx = 0.$$

Tem-se para esta equação

$$A(x,y) = y\log x,\ B(x,y) = x\log x - x + ye^y \Rightarrow \frac{\partial A}{\partial y} = \log x = \frac{\partial B}{\partial x}$$

O integral geral é da forma $F(x,y) = C$, em que

$$F(x,y) = \int (x\log x - x + ye^y)dy + \psi(x) = yx(\log x - 1) + e^y(y-1) + \psi(x).$$

Determinação da função $\psi(x)$:

$$\frac{\partial F}{\partial x} = \frac{\partial}{\partial x}[yx(\log x - 1) + e^y(y-1)] + \psi'(x) = A(x,y) \Leftrightarrow y\log x + \psi'(x) = y\log x \Leftrightarrow$$

$$\psi'(x) = 0 \Leftarrow \psi(x) = 0.$$

A solução geral da equação vem

$$F(x,y) = C \Leftrightarrow yx(\log x - 1) + e^y(y-1) = C.\quad \textit{Resp.}$$

Exercícios propostos

1.　　$\log(y^2 + 1)dx + \dfrac{2y(x-1)}{y^2 + 1}dy = 0$.

2.　　$(3x^2 + 4xy)dx + (2x^2 + 3y^2)dy = 0$.

3. $\left[3ax^2 + 2(a+2)xy + (b+2)y^2\right]\dfrac{dx}{dy} + \left[(a+2)x^2 + 2(b+2)xy + 3by^2\right] = 0$, $a,b \in \Re$.

4. $dy\left(x^2/y\right) + dx\, 2x \log y = 0$.

5. $(\cos x - x\cos y)\dfrac{dy}{dx} = \sin y + y\sin x$.

6. $\dfrac{1-y^2}{(1+xy)^2}\,dx + \dfrac{1-x^2}{(1+xy)^2}\,dy = 0$.

7. $\left(x + e^{x/y}\right)dx + e^{x/y}\left(1 - x/y\right)dy = 0$.

8. $(x + x\log y - y)\dfrac{dy}{dx} + x + y\log y = 0$.

9. Determine o integral particular das equações, com as condições indicadas.

a) $\left(x^2\cos y + \cos x\right)\dfrac{dy}{dx} = -2x\sin y + y\sin x$; $y(\pi/2) = \pi/6$.

b) $\dfrac{dy}{dx} = \dfrac{y}{2y\log y + y - x}$; $y(e) = e$.

c) $x\dfrac{dy}{dx} + y - e^x = 0$; $y(a) = b$, $a,b \in \Re$.

5 MÉTODO DO FACTOR INTEGRANTE

5.1 Definição e método de resolução

Considere-se a equação diferencial

$$A(x,y)dx + B(x,y)dy = 0, \tag{2.8}$$

em que A e B são funções tais, que

$$\frac{\partial A}{\partial y} \neq \frac{\partial B}{\partial x}.$$

Se existir uma função $M \neq 0$ tal, que a equação

$$M(x,y)A(x,y)dx + M(x,y)B(x,y)dy = 0 \tag{2.9}$$

seja uma equação DTE, então diz-se que $M(x,y)$ constitui *factor integrante* de (2.8). A equação transformada, (2.9), pode então resolver-se como descrito no número anterior, coincidindo a sua solução geral com o integral geral de (2.8).

A resolução desta equação passa pelo cálculo do factor M. De acordo com a definição, $M(x,y)$ constitui factor integrante de (2.8), se

$$\frac{\partial(MA)}{\partial y} = \frac{\partial(MB)}{\partial x},$$

expressão equivalente a

$$A\frac{\partial M}{\partial y} - B\frac{\partial M}{\partial x} = M\left(\frac{\partial B}{\partial x} - \frac{\partial A}{\partial y}\right).$$

A determinação de $M(x,y)$ passa, em geral, por integrar esta equação diferencial com derivadas parciais, de resolução mais complicada que a de (2.8). Todavia, podem considerar-se dois casos particulares para os quais tal resolução se simplifica.

Se o factor integrante é só função de x ou seja,

$$M(x,y) = \mu(x),$$

resulta

$$A\frac{\partial M}{\partial y} - B\frac{\partial M}{\partial x} = M\left(\frac{\partial B}{\partial x} - \frac{\partial A}{\partial y}\right) \Leftrightarrow \frac{\partial \mu/\partial x}{\mu} = \frac{\partial A/\partial y - \partial B/\partial x}{B},$$

de que se obtém

$$\mu(x) = e^{\int \frac{\partial A/\partial y - \partial B/\partial x}{B} dx}. \qquad (2.10)$$

Se, por outro lado, o factor integrante é só função de y ou seja, $M(x,y) = \mu(y)$, vem

$$A\frac{\partial M}{\partial y} - B\frac{\partial M}{\partial x} = M\left(\frac{\partial B}{\partial x} - \frac{\partial A}{\partial y}\right) \Leftrightarrow \frac{\partial \mu/\partial y}{\mu} = \frac{\partial B/\partial x - \partial A/\partial y}{A},$$

que admite como solução

$$\mu(y) = e^{\int \frac{\partial B/\partial x - \partial A/\partial y}{A} dy}. \qquad (2.11)$$

Em suma, se $(\partial A/\partial y - \partial B/\partial x)/B$ é só função de x, ou constante não nula, o factor integrante é da forma (2.10). Se $(\partial B/\partial x - \partial A/\partial y)/A$ é só função de y, ou constante não

Equações de Primeira Ordem 31

nula, o factor integrante vem dado por (2.11). Multiplicando a equação pelo factor integrante, esta converte-se em uma DTE, resolúvel pelo método descrito em II.4.

5.2 Exercícios resolvidos

1. $(x^2 + y^2 + x)dx + xydy = 0$.

Resolução: Verifica-se a desigualdade

$$\frac{\partial A}{\partial y} = 2y \neq \frac{\partial B}{\partial x} = y\,;$$

para a equação dada tem-se

$$\frac{\partial A/\partial y - \partial B/\partial x}{B} = \frac{2y - y}{xy} = \frac{1}{x}\,.$$

Logo, vem o factor integrante

$$e^{\int dx/x} = e^{\log x} = x\,.$$

Multiplicando a equação por este factor integrante, obtém-se a equação DTE

$$(x^3 + xy^2 + x^2)dx + x^2 ydy = 0\,;$$

com efeito, considerando $A_1(x, y) = x^3 + xy^2 + x^2$, $B_1(x, y) = x^2 y$, vem

$$\frac{\partial A_1}{\partial y} = 2xy = \frac{\partial B_1}{\partial x}\,.$$

A solução desta equação é da forma $F(x, y) = C$, em que

$$F(x,y) = \int (x^3 + xy^2 + x^2)dx + \varphi(y) = \frac{x^4}{4} + \frac{x^2 y^2}{2} + \frac{x^3}{3} + \varphi(y) \Rightarrow$$

$$\frac{\partial F}{\partial y} = x^2 y + \varphi'(y) = B_1(x, y) \Leftrightarrow \varphi'(y) = 0 \Leftarrow \varphi(y) = 0\,.$$

Integral geral da equação dada:

$$\frac{x^4}{4} + \frac{x^2 y^2}{2} + \frac{x^3}{3} = C\,. \quad \textit{Resposta.}$$

2. $(x\cos y - y\sin y)dy + (x\sin y + y\cos y)dx$.

Res.: De $A(x,y) = x\sin y + y\cos y$, $B(x,y) = x\cos y - y\sin y$, resulta

$$\frac{\partial A/\partial y - \partial B/\partial x}{B} = \frac{x\cos y + \cos y - y\sin y - \cos y}{x\cos y - y\sin y} = 1.$$

O factor integrante vem

$$e^{\int dx} = e^x;$$

multiplicando a equação dada por este factor, obtém-se a equação DTE

$$(xe^x\cos y - e^x y\sin y)dy + (xe^x\sin y + e^x y\cos y)dx = 0.$$

A sua solução é da forma $F(x,y) = C$, em que

$$F(x,y) = \int(xe^x\sin y + e^x y\cos y)dx + \varphi(y) =$$

$$xe^x\sin y - e^x\sin y + e^x y\cos y + \varphi(y) \Rightarrow$$

$$\frac{\partial F}{\partial y} = xe^x\cos y - e^x\cos y + e^x\cos y - e^x y\sin y + \varphi'(y) = xe^x\cos y - e^x y\sin y \Leftrightarrow$$

$$\varphi'(y) = 0 \Leftarrow \varphi(y) = 0.$$

A solução geral da equação será

$$e^x[(x-1)\sin y + y\cos y] = C. \quad Resp..$$

3. $y^2 dx - (2xy + 3)dy = 0$.

Res.: Sejam $A(x,y) = y^2$, $B(x,y) = -(2xy + 3)$; resulta

$$\frac{\partial B/\partial x - \partial A/\partial y}{A} = \frac{-2y - 2y}{y^2} = \frac{-4}{y},$$

a que corresponde o factor integrante

$$e^{\int -4dy/y} = e^{\log(y^{-4})} = y^{-4}.$$

A multiplicação da equação pelo factor integrante conduz à equação DTE

$$\frac{dx}{y^2} + \frac{-2xy - 3}{y^4}dy = 0.$$

Como habitualmente, a solução é da forma $F(x,y)=C$, em que

$$F(x,y)=\int\frac{dx}{y^2}+\varphi(y)=\frac{x}{y^2}+\varphi(y)\Rightarrow\frac{\partial F}{\partial y}=-\frac{2x}{y^3}+\varphi'(y)=\frac{-2xy-3}{y^4}\Leftrightarrow$$

$$\varphi'(y)=\frac{-3}{y^4}\Leftarrow\varphi(y)=\frac{1}{y^3}.$$

Integral geral da equação dada:

$$\frac{x}{y^2}+\frac{1}{y^3}=C. \quad Resp..$$

4. Calcular o integral particular da equação $ydx/xdy=\log x-y^2$, que verifica a condição $y(1)=2$.

Res.: Determinação do integral geral:

A equação dada equivale a

$$\frac{y}{x}dx+\left(y^2-\log x\right)dy=0;$$

considerando $A(x,y)=y/x$, $B(x,y)=y^2-\log x$, resulta

$$\frac{\partial B/\partial x-\partial A/\partial y}{A}=\frac{1/x-(-1/x)}{y/x}=\frac{2}{y};$$

obtém-se para factor integrante

$$e^{\int-2dy/y}=e^{\log(y^{-2})}=y^{-2}.$$

Multiplicando a equação por este factor, vem a equação DTE

$$\frac{dx}{xy}+\left(1-\frac{\log x}{y^2}\right)dy=0,$$

de solução geral $F(x,y)=C$, em que

$$F(x,y)=\int\frac{dx}{xy}+\varphi(y)=\frac{\log x}{y}+\varphi(y)\Rightarrow\frac{\partial F}{\partial y}=-\frac{\log x}{y^2}+\varphi'(y)=1-\frac{\log x}{y^2}\Leftrightarrow$$

$$\varphi'(y)=1\Leftarrow\varphi(y)=y.$$

Pelo que o integral geral vem $\log x/y+y=C$.

Cálculo do integral particular:

$$y(1) = 2 \Rightarrow \frac{\log 1}{2} + 2 = C \Leftrightarrow C = 2,$$

de que resulta $\log x/y + y = 2$. *Resp..*

Exercícios propostos

1. $(x + y)dx + dy = 0$.

2. $dx + [1 + (x + y)\tan y]dy = 0$.

3. $(3xy^2 + 3x^2)\dfrac{dy}{dx} = 2y^3 + 3xy - x^3$.

4. $\log x \, dx + (e^y + x\log x - x)dy/y = 0$.

5. Determinar o integral particular das seguintes equações, que verifica as condições:

a) $1 + xe^y + \left(\dfrac{x}{y} + x^2 e^y\right)\dfrac{dy}{dx} = 0$; $y(1) = 1$.

b) $\cos y \, dx + (x\sin y - 1)dy = 0$; $x(2) = 0$.

6   EQUAÇÃO LINEAR DE PRIMEIRA ORDEM

6.1 Definição e métodos de resolução

A equação diferencial *linear de primeira ordem em y* pode escrever-se na forma

$$\frac{dy}{dx} + f(x)y = g(x), \tag{2.12}$$

com f e g funções quaisquer de x ou constantes. Se $g(x) = 0$, a equação diz-se *homogénea*; caso contrário, designa-se *não-homogénea*.[4]

---

[4]   Se a equação assume a forma $dx/dy + f(y)x = g(y)$, com f e g funções de y ou constantes, designa-se *linear em x*. Na resolução utilizam-se, é claro, os métodos agora expostos, intercambiando variáveis. A observação aplica-se obviamente a outros tipos de equações, omitindo-se, no que segue, qualquer nova referência ao assunto.

Descrevem-se três métodos de resolução: método do factor integrante, *método da variação das constantes* ou *de Lagrange*, e *método de substituição*.

i. Método do factor integrante

A equação (2.12) pode escrever-se na forma equivalente

$$dy + [f(x)y - g(x)]dx = 0.$$

Esta equação é resolúvel pelo método do factor integrante, porquanto, se se considera

$$A(x, y) = f(x)y - g(x), \quad B(x, y) = 1,$$

resulta $(\partial A/\partial y - \partial B/\partial x)/B = f(x)$. Logo, dado (2.10), o factor integrante vem dado por

$$\mu(x) = e^{\int f(x)dx}.$$

Por definição de factor integrante, a equação

$$\mu(x)\frac{dy}{dx} + \mu(x)f(x)y = \mu(x)g(x) \tag{2.13}$$

– obtida de (2.12) mediante multiplicação pelo factor integrante – é DTE, resolvendo-se, portanto, como indicado em II.4 e II. 5. Não obstante, no caso presente da equação linear, tal processo conduz a uma fórmula de resolução facilmente aplicável. Com efeito, note-se que

$$\frac{d}{dx}[\mu(x)y] = \frac{d\mu}{dx}y + \mu(x)\frac{dy}{dx} = \frac{d}{dx}\left[e^{\int f(x)dx}\right]y + \mu(x)\frac{dy}{dx} =$$

$$f(x)e^{\int f(x)dx}y + \mu(x)\frac{dy}{dx} = f(x)\mu(x)y + \mu(x)\frac{dy}{dx},$$

justamente o primeiro membro de (2.13). Donde, esta equação equivale a

$$\frac{d}{dx}[\mu(x)y] = \mu(x)g(x)$$

de cuja integração resulta

$$\mu(x)y = \int \mu(x)g(x)dx + C$$

ou ainda

$$y = \frac{1}{\mu(x)}\int \mu(x)g(x)dx + \frac{1}{\mu(x)}C.$$

ii. Método da variação das constantes

A aplicação do método da variação das constantes ou de Lagrange passa, em primeiro lugar, por resolver a equação homogénea correspondente a (2.12),

$$\frac{dy}{dx} + f(x)y = 0.$$

Como se verifica, a equação é de variáveis separáveis; redistribuindo termos, vem $dy/y + f(x)dx = 0$, cuja solução geral é da forma

$$\log y + \int f(x)dx = C_1 \Leftrightarrow y = Ce^{\int -f(x)dx}, (C = e^{C_1}). \quad (2.14)$$

Considerando C, não constante mas função de x, e derivando y em ordem a x,

$$\frac{dy}{dx} = \frac{dC}{dx}e^{\int -f(x)dx} - Cf(x)e^{\int -f(x)dx}.$$

Substituindo y e dy/dx em (2.12), resulta a equação de variáveis separáveis em C e x

$$\frac{dC}{dx}e^{\int -f(x)dx} - Cf(x)e^{\int -f(x)dx} + f(x)Ce^{\int -f(x)dx} = g(x) \Leftrightarrow$$

$$\frac{dC}{dx}e^{\int -f(x)dx} = g(x).$$

Como solução geral desta equação, obtém-se

$$C = \int \left[e^{\int f(x)dx} \right] g(x)dx + \alpha, (\alpha\text{: constante arbitrária}).$$

Substituindo C em (2.14), resulta o integral geral da equação linear, expresso na forma

$$y = Ce^{\int -f(x)dx} = e^{\int -f(x)dx} \left\{ \int \left[e^{\int f(x)dx} \right] g(x)dx + \alpha \right\}. \quad (2.15)$$

iii. Método de substituição

Considere-se a mudança de variável $y = uv$, em que u e v são funções de x a determinar. Derivando em ordem a x, vem

$$\frac{dy}{dx} = v\frac{du}{dx} + u\frac{dv}{dx}.$$

Substituindo y e dy/dx em (2.12), obtém-se

$$v\frac{du}{dx}+u\frac{dv}{dx}+f(x)uv=g(x)\Leftrightarrow$$

$$u\frac{dv}{dx}+v\left[\frac{du}{dx}+f(x)u\right]=g(x). \tag{2.16}$$

Escolhe-se agora a função u, de modo a anular, nesta expressão, $du/dx+f(x)u$, isto é, por forma que u seja solução da equação

$$\frac{du}{dx}+f(x)u=0$$

ou seja

$$u=C_1e^{\int-f(x)dx}.$$

Com $C_1=1$, substituindo em (2.16), vem a equação de variáveis separáveis em v e x

$$\frac{dv}{dx}e^{\int-f(x)dx}=g(x).$$

A sua resolução conduz a

$$v=\int\left[e^{\int f(x)dx}\right]g(x)dx+C.$$

O integral geral da equação linear vem dado, finalmente, por

$$y=uv=e^{\int-f(x)dx}\left\{\int\left[e^{\int f(x)dx}\right]g(x)dx+C\right\}, \tag{2.17}$$

expressão já obtida em (2.15).

6.2 Exercícios resolvidos

1. $\dfrac{dy}{dx}-\dfrac{y}{x}=x$.

Resolução: A equação é linear em y, com $f(x)=-1/x$, $g(x)=x$ (cfr. (2.12)).

i. Método do factor integrante

O factor integrante vem igual a (cfr. (2.13))

$$e^{\int f(x)dx} = e^{\int (-1/x)dx} = e^{-\log x} = \frac{1}{x}.$$

Multiplicando a equação por este factor, vem

$$\frac{1}{x}\frac{dy}{dx} - \frac{1}{x^2}y = 1,$$

que equivale a

$$\frac{d}{dx}\left(\frac{1}{x}y\right) = 1.$$

Resulta, pois,

$$\frac{1}{x}y = \int dx + C \Leftrightarrow \frac{1}{x}y = x + C \Leftrightarrow y = x^2 + Cx. \quad \textit{Resposta.}$$

ii. Método da variação das constantes

Resolve-se de início a equação homogénea correspondente à equação linear dada; trata-se, obviamente, de uma equação de variáveis separáveis

$$\frac{dy}{dx} - \frac{y}{x} = 0 \Leftrightarrow \frac{dy}{y} - \frac{dx}{x} = 0 \Leftrightarrow \log y - \log x = C_1 \Leftrightarrow y = Cx \ (C = e^{C_1}).$$

Supondo $C = C(x)$ e derivando, vem

$$\frac{dy}{dx} = \frac{dC}{dx}x + C.$$

A substituição de y e dy/dx na equação inicial conduz a

$$\frac{dC}{dx}x + C - \frac{Cx}{x} = x \Leftrightarrow \frac{dC}{dx} = 1 \Leftrightarrow C = x + \alpha, (\alpha\text{: constante arbitrária}).$$

Dado que $y = Cx$, vem, por substituição de C, o integral geral da equação dada

$$y = (x + \alpha)x = \alpha x + x^2. \quad \textit{Resp..}$$

iii. Método de substituição

Faça-se, como indicado, $y = uv$. Resulta

$$\frac{dy}{dx} = v\frac{du}{dx} + u\frac{dv}{dx}.$$

Substituindo y e dy/dx na equação

$$v\frac{du}{dx}+u\frac{dv}{dx}-\frac{uv}{x}=x \Leftrightarrow u\frac{dv}{dx}+v\left(\frac{du}{dx}-\frac{u}{x}\right)=x\,.$$

Escolha-se agora u, de modo a anular a expressão entre parêntesis ou seja

$$\frac{du}{dx}-\frac{u}{x}=0 \Leftrightarrow \frac{du}{u}-\frac{dx}{x}=0 \Leftrightarrow u=C_1 x\,.$$

Fazendo $C_1=1$ e introduzindo a função u na equação transformada, obtém-se

$$x\frac{dv}{dx}=x \Leftrightarrow dv=dx \Leftrightarrow v=x+C\,.$$

Resulta o integral geral da equação $y=uv=x(x+C)=Cx+x^2$. *Resp.*.

2. $\quad \dfrac{dy}{dx}=y\tan x+\cos x\,.$

Res.: A equação é linear em y; tem-se $f(x)=-\tan x$, $g(x)=\cos x$.

i. Método do factor integrante

O factor integrante vem igual a

$$e^{\int f(x)dx}=e^{\int(-\tan x)dx}=e^{\log\cos x}=\cos x\,;$$

da multiplicação de ambos os membros da equação por este factor, resulta a equação

$$\cos x\frac{dy}{dx}-\sin x\, y=\cos^2 x\,,$$

que equivale a

$$\frac{d}{dx}(\cos x\, y)=\cos^2 x\,.$$

Integrando esta equação, e uma vez que

$$\int\cos^2 x\, dx=\frac{x}{2}+\frac{\sin 2x}{4}\,,$$

vem

$$\cos x\, y=\frac{x}{2}+\frac{\sin 2x}{4}+C$$

que pode ainda assumir a forma

$$y = \sec x\left(\frac{x}{2} + \frac{\sin 2x}{4} + C\right). \quad Resp..$$

ii. Método da variação das constantes

Resolução da equação homogénea:

$$\frac{dy}{dx} - y\tan x = 0 \Leftrightarrow \frac{dy}{y} - \tan x\, dx = 0 \Leftrightarrow \log y + \log\cos x = C_1 \Leftrightarrow y = C\sec x.$$

Considerando $C = C(x)$ e derivando, sai

$$\frac{dy}{dx} = \frac{dC}{dx}\sec x + C\sec x\tan x.$$

A substituição de y e dy/dx na equação dada conduz a

$$\frac{dC}{dx}\sec x + C\sec x\tan x = C\sec x\tan x + \cos x \Leftrightarrow$$

$$\frac{dC}{dx} = \cos^2 x \Leftrightarrow C = \frac{x}{2} + \frac{\sin 2x}{4} + \alpha.$$

Resulta, por fim,

$$y = C\sec x = \sec x\left(\frac{x}{2} + \frac{\sin 2x}{4} + \alpha\right). \quad Resp..$$

iii. Método de substituição

$$y = uv \Rightarrow \frac{dy}{dx} = v\frac{du}{dx} + u\frac{dv}{dx}.$$

Substituição de y e dy/dx na equação dada:

$$v\frac{du}{dx} + u\frac{dv}{dx} = uv\,\mathrm{tg}\,x + \cos x \Leftrightarrow u\frac{dv}{dx} + v\left(\frac{du}{dx} - u\,\mathrm{tg}\,x\right) = \cos x.$$

Escolhendo u, de modo a anular a expressão entre parêntesis, vem,

$$\frac{du}{dx} - u\tan x = 0 \Leftrightarrow \frac{du}{u} - \tan x\, dx = 0 \Leftrightarrow \log u + \log\cos x = C_2 \Leftrightarrow u = C_1\sec x.$$

Obtém-se deste modo, com $C_1 = 1$,

$$u\frac{dv}{dx} = \cos x \Leftrightarrow \sec x\frac{dv}{dx} = \cos x \Leftrightarrow \frac{dv}{dx} = \cos^2 x \Leftrightarrow v = \frac{x}{2} + \frac{\sin 2x}{4} + C,$$

Equações de Primeira Ordem

41

donde resulta o integral geral da equação dada

$$y = uv = \sec x\left(\frac{x}{2} + \frac{\sin 2x}{4} + C\right). \quad Resp..$$

3. $\quad y^2 dx - (2xy + 3)dy = 0$.

Res.: A equação é linear em x. Dividindo ambos os termos por $y^2 dy$, sai

$$\frac{dx}{dy} - \frac{2x}{y} = \frac{3}{y^2},$$

com $f(y) = -2/y$, $g(y) = 3/y^2$.

i. Método do factor integrante

O factor integrante vem

$$e^{\int f(y)dy} = e^{\int -2dy/y} = e^{-2\log y} = y^{-2}.$$

Multiplicando a equação pelo factor integrante, resulta

$$y^{-2}\frac{dx}{dy} - 2y^{-3}x = 3y^{-4},$$

a qual se pode escrever na forma

$$\frac{d}{dy}\left[y^{-2}x\right] = 3y^{-4}.$$

Resulta, pois,

$$y^{-2}x = -y^{-3} + C \Leftrightarrow x = y^{-1} + Cy^2. \quad Resp..$$

ii. Método da variação das constantes

Resolução da equação homogénea:

$$\frac{dx}{dy} - \frac{2x}{y} = 0 \Leftrightarrow \frac{dx}{x} = 2\frac{dy}{y} \Leftrightarrow \log x = \log y^2 + C_1 \Leftrightarrow x = Cy^2.$$

Considerando $C = C(y)$, sai

$$\frac{dx}{dy} = \frac{dC}{dy}y^2 + 2Cy,$$

que, substituido na equação dada, conduz a

$$\frac{dC}{dy}y^2 + 2Cy - \frac{2Cy^2}{y} = \frac{3}{y^2} \Leftrightarrow \frac{dC}{dy} = \frac{3}{y^4} \Leftrightarrow C = -y^{-3} + \alpha.$$

Vem pois o integral geral, equivalente ao obtido com o método anterior,

$$x = Cy^2 = \alpha y^2 - y^{-1}. \quad Resp..$$

iii. Método de substituição

A mudança de variável consiste agora em

$$x = uv \Rightarrow \frac{dx}{dy} = v\frac{du}{dy} + u\frac{dv}{dy}.$$

Substituindo na equação

$$v\frac{du}{dy} + u\frac{dv}{dy} - \frac{2uv}{y} = \frac{3}{y^2} \Leftrightarrow u\frac{dv}{dy} + v\left(\frac{du}{dy} - \frac{2u}{y}\right) = \frac{3}{y^2}.$$

Anulando a expressão entre parêntesis e integrando

$$\frac{du}{dy} - \frac{2u}{y} = 0 \Leftrightarrow \frac{du}{u} = 2\frac{dy}{y} \Leftrightarrow \log u = \log y^2 + C_2 \Leftrightarrow u = C_1 y^2.$$

Seja $C_1 = 1$; introduzindo na função $u(y)$ na equação, sai

$$y^2\frac{dv}{dy} = \frac{3}{y^2} \Leftrightarrow v = -y^{-3} + C.$$

Integral geral: $x = uv = Cy^2 - y^{-1}. \quad Resp..$

4. Determinar o integral particular da equação $xy' + y - e^x = 0$, que verifica $y(a) = b$.

Res.: Integral geral (método do factor integrante): a equação equivale a

$$\frac{dy}{dx} + \frac{y}{x} = \frac{e^x}{x},$$

tendo-se, portanto, $f(x) = 1/x$, $g(x) = e^x/x$. O factor integrante vem

$$e^{\int f(x)dx} = e^{\int dx/x} = e^{\log x} = x.$$

Multiplicando a equação pelo factor integrante, obtém-se

$$x\frac{dy}{dx} + y = e^x,$$

a qual equivale a

$$\frac{d}{dx}(xy) = e^x.$$

Da sua integração, resulta

$$xy = e^x + C \Leftrightarrow xy - e^x = C.$$

Determinação da solução particular:

$$y(a) = b \Leftrightarrow ab - e^a = C. \text{ Vem, pois,}$$

$$xy - e^x = ab - e^a. \quad Resp..$$

5. Determine a solução particular de $\dfrac{dy}{dx} - \dfrac{y}{1-x^2} = 1+x$, com a condição $y(0) = 0$.

Res.: Integral geral (método de substituição):

$$y = uv \Rightarrow \frac{dy}{dx} = v\frac{du}{dx} + u\frac{dv}{dx}.$$

Substituição de y e dy/dx na equação dada:

$$v\frac{du}{dx} + u\frac{dv}{dx} - \frac{uv}{1-x^2} = 1+x \Leftrightarrow u\frac{dv}{dx} + v\left(\frac{du}{dx} - \frac{u}{1-x^2}\right) = 1+x;$$

escolha-se u tal, que

$$\frac{du}{dx} - \frac{u}{1-x^2} = 0 \Leftrightarrow \frac{du}{u} = \frac{dx}{1-x^2} \Leftrightarrow$$

$$\log u = \int \frac{dx}{1-x^2} + C_2 = \log\sqrt{\frac{1+x}{1-x}} + C_2 \Leftrightarrow u = C_1\sqrt{\frac{1+x}{1-x}};$$

Substituindo $u(x)$ (com $C_1 = 1$) na equação transformada, resulta

$$\sqrt{(1+x)/(1-x)}\, dv/dx = 1+x \Leftrightarrow dv/dx = \sqrt{1-x^2} \Leftrightarrow v = \int\sqrt{1-x^2}\, dx;$$

o integral geral vem

$$y = uv = \frac{1}{2}\sqrt{(1+x)/(1-x)}\left(x\sqrt{1-x^2} + \arcsin x + C\right).$$

Determinação do integral particular: a condição $y(0) = 0$ conduz a

$$0 = \frac{1}{2}\sqrt{(1+0)/(1-0)}\left(0\sqrt{1-0} + arcsen\ 0 + C\right) = C/2 = C;$$

Resulta a solução particular

$$y = \frac{1}{2}\sqrt{(1+x)/(1-x)}\left(x\sqrt{1-x^2} + \arcsin x\right). \quad Resp..$$

Exercícios propostos

1. $x\dfrac{dy}{dx} + y = x\log x$.

2. $(x+1)\dfrac{dy}{dx} - y = 3x^4 + 4x^3$.

3. $\dfrac{dy}{dx} + y\cos x = \dfrac{1}{2}\sin 2x$.

4. $\dfrac{dy}{dx} = \dfrac{y^2}{2xy + y^2 - x}$.

5. $x(1-x^2)dy + (2x^2 - 1)ydx = ax^3 dx$.

6. $\sqrt{1+x^2}\,\dfrac{dy}{dx} + y = 2x$.

7. $\dfrac{1}{2}\dfrac{dy}{dx} = y\tan 2x + 1 + \sec 2x$.

8. $\dfrac{dy}{dx} - y = x + \sin x$.

9. Considere a equação $dx/dy + x\varphi(y) = \psi(y)$.

a) Determine a sua solução geral através do método da variação das constantes. Qual o significado geométrico dessa solução? Como obter uma solução particular?

b) Aplicando o método anterior, integre a equação $y\,dx/dy = 2ye^{3y} + x(3y+2)$.

10. $x\left(\dfrac{dy}{dx} - y\right) = (1+x^2)e^x$.

7 EQUAÇÕES REDUTÍVEIS À FORMA LINEAR

7.1 Equação de Bernoulli — tipo I

7.1.1 Definição e método de resolução

Designa-se *equação de Bernoulli do tipo I, em y*, a equação diferencial

$$\frac{dh}{dy}\frac{dy}{dx} + h(y)f(x) = g(x), \tag{2.18}$$

em que h constitui uma função de y. Efectuando a mudança de variável dependente

$$z = h(y) \Rightarrow \frac{dz}{dx} = \frac{dh}{dy}\frac{dy}{dx}, \tag{2.19}$$

resulta, por substituição em (2.18), a equação linear de primeira ordem em z,

$$\frac{dz}{dx} + zf(x) = g(x),$$

cujo integral geral se obtém através de qualquer dos métodos acima descritos.

7.1.2   Exercícios resolvidos

1. $\cos y \dfrac{dy}{dx} + \sin y = x$.

   Resolução: Nesta equação de Bernoulli, tipo I, tem-se $h(y) = \sin y$, $f(x) = 1$, $g(x) = x$. Como indicado em (2.19), faça-se

   $$z = \sin y \Rightarrow \frac{dz}{dx} = \cos y \frac{dy}{dx}.$$

   Substituindo na equação dada, vem

   $$\frac{dz}{dx} + z = x.$$

   Resolva-se esta equação através do método da variação das constantes.

   Integrando a equação homogénea, vem

   $$\frac{dz}{dx} + z = 0 \Leftrightarrow \frac{dz}{z} = -dx \Leftrightarrow \log z = C_1 - x \Leftrightarrow z = Ce^{-x}.$$

   A derivação de z em ordem a x, supondo $C = C(x)$, conduz a

   $$\frac{dz}{dx} = \frac{dC}{dx}e^{-x} - Ce^{-x},$$

   donde se obtém, substituindo na equação e resolvendo-a,

   $$\frac{dC}{dx}e^{-x} - Ce^{-x} + Ce^{-x} = x \Leftrightarrow \frac{dC}{dx} = xe^{x} \Leftrightarrow C = (x-1)e^{x} + \alpha.$$

   O integral geral da equação dada vem, finalmente,

   $$z = Ce^{-x} = x - 1 + \alpha e^{-x} \Leftrightarrow \sin y = x - 1 + \alpha e^{-x}. \quad \textit{Resposta}.$$

2. $\quad x\dfrac{dx}{dy}+\dfrac{x^2}{y+1}=2y$.

Res.: Multipliquem-se ambos os membros da equação por 2; vem

$$2x\dfrac{dx}{dy}+\dfrac{2x^2}{y+1}=4y\ .$$

Nesta equação de Bernoulli, tipo I, em x, tem-se $h(x)=x^2$, $f(y)=2/(y+1)$, $g(y)=4y$. Efectue-se a mudança de variável dependente

$$z=x^2 \Rightarrow \dfrac{dz}{dy}=2x\dfrac{dx}{dy}\ .$$

Resulta a equação linear em z

$$\dfrac{dz}{dy}+\dfrac{2z}{y+1}=4y\ .$$

Aplicação do método da variação das constantes:

$$\dfrac{dz}{dy}+\dfrac{2z}{y+1}=0 \Leftrightarrow \dfrac{dz}{z}+\dfrac{2dy}{y+1}=0 \Leftrightarrow \log z+\log(y+1)^2=C_1 \Leftrightarrow z=\dfrac{C}{(y+1)^2}\ ;$$

$$C=C(y) \Rightarrow \dfrac{dz}{dy}=\dfrac{dC/dy}{(y+1)^2}-\dfrac{2C}{(y+1)^3}\ ;$$

$$\dfrac{dz}{dy}+\dfrac{2z}{y+1}=4y \Leftrightarrow \dfrac{dC/dy}{(y+1)^2}-\dfrac{2C}{(y+1)^3}+\dfrac{2C}{(y+1)^3}=4y \Leftrightarrow \dfrac{dC}{dy}=4y(y+1)^2 \Leftrightarrow$$

$$C=y^4+\dfrac{8}{3}y^3+2y^2+\alpha\ ;\ z=\dfrac{C}{(y+1)^2} \Leftrightarrow z=\dfrac{y^4+\left(8y^3/3\right)+2y^2+\alpha}{(y+1)^2}\ .$$

Vem deste modo a solução geral da equação dada

$$z=x^2=\dfrac{y^4+\left(8y^3/3\right)+2y^2+\alpha}{(y+1)^2}\ .\quad \textit{Resp..}$$

Exercícios propostos

1. $\quad \dfrac{1}{y}\dfrac{dy}{dx}+\dfrac{1}{x}\log y=\log x$.

2. $\cos y \dfrac{dy}{dx} = 1 + \sec x - \sin y \tan x$.

3. $3x^2 \dfrac{dx}{dy} - ax^3 = y + 1$.

7.2 Equação de Bernoulli — tipo II

7.2.1 Definição e método de resolução

Define-se *equação de Bernoulli do tipo II, em y*, a equação

$$\frac{dy}{dx} + yf(x) = y^n g(x), n \in \Re \setminus \{0,1\}.^{(5)} \qquad (2.20)$$

Esta equação constitui um caso particular da equação de Bernoulli do tipo I. Com efeito, se em (2.18) $h(y) = y^{1-n}$, resulta, após divisão de ambos os membros por $(1-n)y^{-n}$, a equação (do tipo II)

$$\frac{dy}{dx} + yp(x) = y^n q(x), \quad p(x) = \frac{f(x)}{1-n}, \quad q(x) = \frac{g(x)}{1-n}.$$

Pode converter-se (2.20) em equação linear, mediante a transformação

$$z = y^{1-n}. \qquad (2.21)$$

Com efeito, a derivação de z em ordem a x conduz a

$$\frac{dz}{dx} = (1-n)y^{-n}\frac{dy}{dx} \Leftrightarrow \frac{dy}{dx} = \frac{dz}{dx}\frac{y^n}{1-n}.$$

Substituindo dy/dx em (2.20), vem, sucessivamente,

$$\frac{dz}{dx}\frac{y^n}{1-n} + yf(x) = y^n g(x) \Leftrightarrow$$

$$\frac{dz}{dx} + y^{1-n}(1-n)f(x) = (1-n)g(x) \Leftrightarrow$$

$$\frac{dz}{dx} + z(1-n)f(x) = (1-n)g(x),$$

---

[5] Note-se que, com $n = 0$ a equação é linear em y; se $n = 1$ resulta uma equação de variáveis separáveis.

que constitui uma equação linear em z.[6] Como tal, pode de seguida recorrer-se a um dos métodos de resolução atrás referidos. Obtém-se um integral geral, dado por uma das expressões (2.15) ou (2.17); da sua aplicação ao caso vertente, em que $f(x)$ e $g(x)$ vêm substituídos, respectivamente, por $(1-n)f(x)$ e $(1-n)g(x)$, resulta a solução geral

$$z = y^{1-n} = e^{(n-1)\int f(x)dx}\left\{(1-n)\int\left[e^{(1-n)\int f(x)dx}\right]g(x)dx+C\right\}. \quad (2.22)$$

7.2.2   Exercícios resolvidos

1. $\dfrac{dy}{dx} + xy = x^3 y^3$.

   Resolução: A partir da mudança de variável $z = y^{1-3} = y^{-2}$, vem

   $$\frac{dz}{dx} = -2y^{-3}\frac{dy}{dx} \Leftrightarrow \frac{dy}{dx} = \frac{-1}{2}y^3\frac{dz}{dx}.$$

   A substituição de dy/dx na equação conduz a

   $$\frac{-1}{2}y^3\frac{dz}{dx} + xy = x^3 y^3 \Leftrightarrow \frac{dz}{dx} - 2y^{-2}x = -2x^3 \Leftrightarrow \frac{dz}{dx} - 2zx = -2x^3.$$

   Resolução da equação linear por método da variação das constantes (primitivação por partes no cálculo de $C(x)$):

   $$\frac{dz}{dx} - 2zx = 0 \Leftrightarrow \frac{dz}{z} = 2xdx \Leftrightarrow \log z = x^2 + C_1 \Leftrightarrow z = Ce^{x^2} \Rightarrow$$

   $$\frac{dz}{dx} = \frac{dC}{dx}e^{x^2} + Ce^{x^2}2x;$$

   $$\frac{dz}{dx} - 2zx = -2x^3 \Leftrightarrow \frac{dC}{dx}e^{x^2} + Ce^{x^2}2x - 2Ce^{x^2}x = -2x^3 \Leftrightarrow$$

   $$\frac{dC}{dx} = e^{-x^2}\left(-2x^3\right) \Leftrightarrow C = \int e^{-x^2}\left(-2x^3\right)dx = \int e^{-x^2}\left(-2x\right)x^2 dx =$$

   $$e^{-x^2}x^2 + \int e^{-x^2}\left(-2x\right)dx = e^{-x^2}\left(x^2 + 1\right) + \alpha;$$

---

[6]   Não devem confundir-se estas funções f e g com as funções f e g de (2.20), correspondentes, respectivamente, a p e q. Donde, a transformação sugerida, $z = y^{1-n}$, meramente concretiza a transformação geral proposta anteriormente.

$$z = Ce^{x^2} = x^2 + 1 + \alpha e^{x^2}$$

Deste modo, a solução geral da equação dada fica

$$y^{-2} = x^2 + 1 + \alpha e^{x^2}. \quad \textit{Resposta.}$$

2. $\quad y\dfrac{dx}{dy} + x = x^2 \log y$.

Res.: A equação é de Bernoulli, tipo II, em x; mudança de variável

$$z = x^{1-2} = x^{-1} \Rightarrow \frac{dz}{dy} = \frac{-dx/dy}{x^2} \Leftrightarrow \frac{dx}{dy} = -x^2\frac{dz}{dy}.$$

Substituindo na equação, vem, sucessivamente,

$$y\left(-x^2\right)\frac{dz}{dy} + x = x^2 \log y \Leftrightarrow \frac{dz}{dy} - \frac{1}{xy} = -\frac{1}{y}\log y \Leftrightarrow \frac{dz}{dy} - z\frac{1}{y} = -\frac{1}{y}\log y.$$

O integral geral desta equação linear em z resulta directamente, por exemplo, da aplicação de (2.17). Considerando $f(y) = -1/y$, $g(y) = -\log y/y$, vem, por primitivação por partes,

$$z = e^{\int dy/y}\left[\int\left(e^{\int -dy/y}\right)\frac{-\log y}{y}dy + C\right] = e^{\log y}\left[\int e^{-\log y}\frac{-\log y}{y}dy + C\right] =$$

$$y\left(\int\frac{-\log y}{y^2}dy + C\right) = y\left(\frac{1}{y}\log y - \int\frac{1}{y}\frac{1}{y}dy + C\right) = y\left(\frac{1}{y}\log y + \frac{1}{y} + C\right) =$$

$$\log y + 1 + Cy.$$

Deste modo, sai o integral geral da equação, $x^{-1} = \log y + 1 + Cy$. $\quad$ *Resp..*

3. $\quad y - \cos x\dfrac{dy}{dx} = y^2 \cos x(1 - \sin x)$.

Res.: Dividindo toda a equação por $-\cos x$ e reordenando termos, vem

$$\frac{dy}{dx} - y\sec x = y^2(\sin x - 1).$$

Nesta forma, a equação é de Bernoulli, tipo II, em y; nos termos de (2.20), tem-se $f(x) = -\sec x$, $g(x) = \sin x - 1$, $n = 2$. De acordo com (2.22), sai o integral geral

$$z = y^{1-2} = e^{(2-1)\int(-\sec x)dx}\left\{(1-2)\int\left[e^{(1-2)\int(-\sec x)dx}\right](\sin x - 1)dx + C\right\} =$$

$$e^{-\int \sec x dx}\left[-\int\left(e^{\int \sec x dx}\right)(\sin x - 1)dx + C\right].$$

Dado que $\int \sec x\, dx = \int \dfrac{\sec^2 x + \sec x \tan x}{\sec x + \tan x}dx = \log(\sec x + \tan x)$, vem

$$z = \frac{1}{\sec x + \tan x}\left[-\int(\sec x + \tan x)(\sin x - 1)dx + C\right] =$$

$$\frac{1}{\sec x + \tan x}\left[\int \frac{(1+\sin x)(1-\sin x)}{\cos x}dx + C\right] = \frac{1}{\sec x + \tan x}\left[\int \frac{1 - sen^2 x}{\cos x}dx + C\right] =$$

$$\frac{1}{\sec x + \tan x}\left(\int \cos x dx + C\right) = \frac{\sin x + C}{\sec x + \tan x}.$$

Dada a mudança de variável dependente, de y para z, vem por fim a solução geral

$$\frac{1}{y} = \frac{\sin x + C}{\sec x + \tan x} \Leftrightarrow y = \frac{\sec x + \tan x}{\sin x + C}. \quad Resp..$$

Exercícios propostos

1. $x\dfrac{dy}{dx} = y + 2xy^2$.

2. $\dfrac{dy}{dx}\left(x^2 y^3 + xy\right) = 1$.

3. $\dfrac{dy}{dx}\cos x + y\sin x + y^3 = 0$.

4. $2xy\dfrac{dy}{dx} - y^2 + x = 0$.

5. Determinar o integral particular da equação, que verifica a condição indicada.

$$x - y\frac{dx}{dy} = 2\left(1 + y^2\frac{dx}{dy}\right), \quad y(1) = 3 .$$

7.3 Equação de Ricatti

7.3.1 Definição e método de resolução

Designa-se *equação de Ricatti* uma equação do tipo

$$\frac{dy}{dx} = f(x) + yg(x) + y^2 h(x), \quad f(x)g(x) \neq 0, \quad h(x) \neq 0, \qquad (2.23)$$

com f, g e h funções determinadas de x ou constantes. Também esta equação se pode transformar em linear, mediante a mudança de variável

$$y = y_1 + \frac{1}{z}, \qquad (2.24)$$

em que z e y_1 designam, respectivamente, a nova variável dependente e um integral particular conhecido da equação. A resolução de (2.23) pelo método exposto exige, assim, o conhecimento prévio de um seu integral particular.

A partir de (2.24), resulta, por derivação em ordem a x,

$$\frac{dy}{dx} = \frac{dy_1}{dx} - \frac{dz/dx}{z^2}.$$

Substituindo y e dy/dx em (2.23), vem, sucessivamente,

$$\frac{dy_1}{dx} - \frac{dz/dx}{z^2} = f(x) + \left(y_1 + \frac{1}{z}\right)g(x) + \left(y_1 + \frac{1}{z}\right)^2 h(x) \Leftrightarrow$$

$$\frac{dy_1}{dx} - \left[f(x) + y_1 g(x) + y_1^2 h(x)\right] =$$

$$\frac{dz/dx}{z^2} + \frac{1}{z}\left[g(x) + 2y_1 h(x)\right] + \frac{1}{z^2} h(x) \Leftrightarrow$$

$$\frac{dz}{dx} + z\left[g(x) + 2y_1 h(x)\right] = -h(x). \qquad (2.25)$$

Note-se que, uma vez que y_1 é integral particular da equação, se tem

$$\frac{dy_1}{dx} = f(x) + y_1 g(x) + y_1^2 h(x).$$

Em (2.25) obtém-se, pois, uma equação linear em z, resolúvel de acordo com qualquer dos métodos expostos. Da sua solução, resulta imediatamente o integral geral da equação de Ricatti, mediante a mudança de variável $z = 1/(y - y_1)$ – cfr. (2.24).

7.3.2 Exercícios resolvidos

1. Equação: $\dfrac{dy}{dx} = \cos x - y - y^2 \tan x \sec x$; integral particular: $y_1 = \cos x$.

Resolução: Faça-se a mudança de variável dependente

$$y = y_1 + \frac{1}{z} = \cos x + \frac{1}{z} \Rightarrow \frac{dy}{dx} = -\sin x - \frac{dz/dx}{z^2}.$$

Substituindo y e dy/dx na equação dada, vem sucessivamente

$$-\sin x - \frac{dz/dx}{z^2} = \cos x - \left(\cos x + \frac{1}{z}\right) - \left(\cos x + \frac{1}{z}\right)^2 \tan x \sec x \Leftrightarrow$$

$$-\frac{dz/dx}{z^2} = \frac{1}{z}\left(-2\tan x - 1\right) - \frac{1}{z^2}\tan x \sec x \Leftrightarrow \frac{dz}{dx} - z(2\tan x + 1) = -\tan x \sec x.$$

Resolva-se a equação linear em z pelo método do factor integrante, dado por

$$e^{\int -(1 + 2\tan x)dx} = e^{-x + 2\log\cos x} = e^{-x}\cos^2 x.$$

A multiplicação de ambos os membros da equação por este factor conduz a

$$e^{-x}\cos^2 x \frac{dz}{dx} - ze^{-x}\cos^2 x(2\tan x + 1) = -e^{-x}\cos^2 x \tan x \sec x,$$

que equivale a

$$\frac{d}{dx}\left(e^{-x}\cos^2 xz\right) = -e^{-x}\sin x.$$

Uma vez que

$$-\int e^{-x}\sin x\,dx = \frac{e^{-x}}{2}(\sin x + \cos x) + C_1,$$

da equação acima resulta

$$e^{-x}\cos^2 x\,z = \frac{e^{-x}}{2}(\sin x + \cos x) + C \Leftrightarrow z\cos^2 x = \frac{1}{2}(\sin x + \cos x) + Ce^x.$$

Mediante o retorno à variável y, através de

$$y = \cos x + \frac{1}{z} \Leftrightarrow z = \frac{1}{y - \cos x},$$

resulta o integral geral da equação de Ricatti

$$\frac{\cos^2 x}{y - \cos x} = \frac{\sin x + \cos x}{2} + Ce^x. \quad \textit{Resposta.}$$

2. Resolver a equação $y' + y^2 = 1/x^4$, que admite o integral particular $(x+1)/x^2$.

Res.: Considere-se a mudança de variável dependente

$$y = \frac{x+1}{x^2} + \frac{1}{z} \Rightarrow y' = -\frac{x^2 + 2x}{x^4} - \frac{z'}{z^2}.$$

Substituindo na equação, fica

$$-\frac{x^2 + 2x}{x^4} - \frac{z'}{z^2} = \frac{1}{x^4} - \left(\frac{x+1}{x^2} + \frac{1}{z}\right)^2 \Leftrightarrow -\frac{z'}{z^2} = -\frac{2x+2}{x^2 z} - \frac{1}{z^2} \Leftrightarrow z' - \frac{2x+2}{x^2} z = 1.$$

Resolva-se esta equação, linear em z, pelo método da variação das constantes.

$$z' - \frac{2x+2}{x^2} z = 0 \Leftrightarrow \frac{dz}{z} - \frac{2x+2}{x^2} dx = 0 \Leftrightarrow \log z - \log x^2 + \frac{2}{x} = C_1 \Leftrightarrow$$

$$z = Cx^2 e^{-2/x} \Rightarrow z' = C'x^2 e^{-2/x} + 2xCe^{-2/x} + 2Ce^{-2/x};$$

$$z' - \frac{2x+2}{x^2} z = 1 \Leftrightarrow C'x^2 e^{-2/x} + 2xCe^{-2/x} + 2Ce^{-2/x} - 2xCe^{-2/x} - 2Ce^{-2/x} = 1 \Leftrightarrow$$

$$C' = \frac{e^{2/x}}{x^2} \Leftrightarrow C = -\frac{e^{2/x}}{2} + \alpha;$$

$$z = Cx^2 e^{-2/x} \Leftrightarrow z = -\frac{x^2}{2} + \alpha x^2 e^{-2/x}.$$

Da relação entre y e z, vem

$$y = \frac{x+1}{x^2} + \frac{1}{z} \Leftrightarrow z = \frac{x^2}{x^2 y - x - 1},$$

de que resulta o integral geral da equação dada

$$\frac{x^2}{x^2 y - x - 1} = -\frac{x^2}{2} + \alpha x^2 e^{-2/x} \Leftrightarrow \frac{1}{x^2 y - x - 1} = -\frac{1}{2} + \alpha e^{-2/x}. \quad \textit{Resp..}$$

Exercícios propostos

1. Resolver $\dfrac{dy}{dx} = (y-1)(xy - y - x)$, que admite o integral particular $y = 1$.

2. A equação $\dfrac{dy}{dx} + xy^2 - (2x^2 + 1)y + x^3 + x - 1 = 0$ admite a solução $y = ax$.

a) Determine o valor de a.

b) Resolva a equação.

8 EQUAÇÃO HOMOGÉNEA

8.1 Definição e método de resolução

Designa-se *equação homogénea* toda a equação do tipo

$$A(x,y)dx + B(x,y)dy = 0, \tag{2.26}$$

em que A e B são funções homogéneas do mesmo grau. A equação pode, entretanto, escrever-se também na forma

$$\frac{dy}{dx} = f\left(\frac{y}{x}\right). \tag{2.27}$$

Com efeito, sendo A e B homogéneas do mesmo grau, vêm

$$A(x,y) = x^\alpha g\left(\frac{y}{x}\right), \ B(x,y) = x^\alpha h\left(\frac{y}{x}\right),$$

em que α designa o grau de homogeneidade de A e B. Donde, dividindo ambos os termos de (2.26) por $B(x,y)dx$, e reordenando, resulta imediatamente (2.27), em que

$$f\left(\frac{y}{x}\right) = -g\left(\frac{y}{x}\right) \Big/ h\left(\frac{y}{x}\right).$$

Para resolver a equação, proceda-se à mudança de variável dependente

$$y = vx, \tag{2.28}$$

de que resulta

$$\frac{dy}{dx} = v + x\frac{dv}{dx}.$$

Substituindo em (2.27), vem a equação de variáveis separáveis

$$v + x\frac{dv}{dx} = f(v), \qquad (2.29)$$

cujo integral geral se pode escrever na forma

$$\int \frac{dv}{v - f(v)} + \int \frac{dx}{x} = C .^{[7]}$$

Para obter o integral geral da equação dada basta, como é óbvio, substituir nesta expressão v por y e x, de acordo com (2.28).

8.2   Exercícios resolvidos

1. $\dfrac{x+y}{x} + \dfrac{dy}{dx} = 0$.

Resolução: Proceda-se, como indicado, à mudança de variável

$$y = vx \Rightarrow \frac{dy}{dx} = v + x\frac{dv}{dx}.$$

resulta, sucessivamente, ao substituir na equação

$$\frac{x+vx}{x} + v + x\frac{dv}{dx} = 0 \Leftrightarrow \frac{dx}{x} + \frac{dv}{1+2v} = 0 \Leftrightarrow \int \frac{dx}{x} + \int \frac{dv}{1+2v} = C \Leftrightarrow$$

$$\log x + \frac{1}{2}\log(1+2v) = C$$

Substituindo v pelas variáveis originais, vem o integral geral da equação inicial

$$\log x + \frac{1}{2}\log\left(1+2\frac{y}{x}\right) = C . \quad \textit{Resposta.}$$

---

[7]   Note-se que, sendo v_0 uma raiz da equação $v - f(v) = 0$, a equação (2.29) admite a solução $v = v_0$, de que resulta, como integral de (2.27), a função $y = v_0 x$. Via de regra, trata-se de uma solução não englobada formalmente no integral geral da equação dada e cuja determinação se omite, por tal motivo, nos exemplos práticos apresentados.

2. $(8y + 10x)dx + (5y + 7x)dy = 0$.

Res.: Mudança de variável dependente:

$y = vx \Rightarrow dy = vdx + xdv$.

Substituindo y e dy na equação,

$$(8vx + 10x)dx + (5vx + 7x)(vdx + xdv) = 0 \Leftrightarrow \frac{dx}{x} + \frac{5v + 7}{5v^2 + 15v + 10}dv = 0 \Leftrightarrow$$

$$\log x + \int \frac{5v + 7}{5v^2 + 15v + 10}dv = C$$

Decomponha-se a fracção a integrar por aplicação do método dos coeficientes indeterminados:

$$\frac{5v + 7}{5v^2 + 15v + 10} = \frac{1}{5}\left(\frac{2}{v + 1} + \frac{3}{v + 2}\right);$$

deste modo, resulta, como integral geral da equação em v e x,

$$\log x + \left[\log(v + 1)^2 + \log(v + \right.$$

Multiplicando ambos os termos por 5, substituindo v por y/x, obtém-se

$$\log\left[(y + x)^2 (y + 2x)^3\right] = 5C \Leftrightarrow (y + x)^2 (y + 2x)^3 = e^{5C} = C_1. \quad Resp..$$

3. $ydx + (2\sqrt{xy} - x)dy = 0$.

Res.: A partir de

$y = vx \Rightarrow dy = vdx + xdv$,

resulta, por substituição,

$$vxdx + (2\sqrt{xvx} - x)(vdx + xdv) = 0 \Leftrightarrow \frac{dx}{x} + \frac{2\sqrt{v} - 1}{2v\sqrt{v}}dv = 0 \Leftrightarrow$$

$$\log x + \int \frac{dv}{v} - \int \frac{dv}{2v\sqrt{v}} = C \Leftrightarrow \log x + \log v + \frac{1}{\sqrt{v}} = C.$$

Retornando às variáveis iniciais, vem, sucessivamente,

$$\log x + \log\left(\frac{y}{x}\right) + \frac{1}{\sqrt{y/x}} = C \Leftrightarrow \log y + \sqrt{\frac{x}{y}} = C. \quad Resp..$$

4. $\dfrac{dy}{dx} = \dfrac{y^2}{x^2} - 1$.

Resolução: Proceda-se, como indicado, à mudança de variável

$$y = vx \Rightarrow \frac{dy}{dx} = v + x\frac{dv}{dx}.$$

Resulta, sucessivamente, ao substituir na equação

$$v + x\frac{dv}{dx} = v^2 - 1 \Leftrightarrow \frac{dx}{x} - \frac{dv}{v^2 - v - 1} = 0 \Leftrightarrow \log x - \int \frac{dv}{v^2 - v - 1} = C.$$

Para integrar a função em v, decomponha-se a fracção integranda, por aplicação do método dos coeficientes indeterminados,

$$\frac{1}{v^2 - v - 1} = \frac{1}{\sqrt{5}}\left(\frac{1}{2v - 1 - \sqrt{5}} - \frac{1}{2v - 1 + \sqrt{5}}\right);$$

deste modo, resulta, como integral geral da equação em v e x,

$$\log x - \frac{1}{\sqrt{5}}\log\frac{2v - 1 - \sqrt{5}}{2v - 1 + \sqrt{5}} = C.$$

De $v = y/x$, sai, finalmente,

$$\log x - \frac{1}{\sqrt{5}}\log\frac{2y - \left(1 + \sqrt{5}\right)x}{2y - \left(1 - \sqrt{5}\right)x} = C. \quad Resp..$$

5. Determinar o integral particular de $\dfrac{x + y}{x} + \dfrac{dy}{dx} = 0$, que verifica $y(1) = 0$.

Res.: A solução geral da equação vem (cfr. exercício 1.)

$$\log x + \frac{1}{2}\log\left(1 + 2\frac{y}{x}\right) = C.$$

Para determinar o seu integral particular, faça-se $y = 0, x = 1$; resulta

$$\log 1 + \frac{1}{2}\log\left(1 + 2\frac{0}{1}\right) = 0 = C.$$

Logo, sai a solução particular

$$\log x + \frac{1}{2}\log\left(1 + 2\frac{y}{x}\right) = 0 \Leftrightarrow 2\log x + \log\frac{x + 2y}{x} = 0 \Leftrightarrow y = \frac{1 - x^2}{2x}. \quad Resp..$$

Exercícios propostos

1. $(x+y)dx + (y-x)dy = 0$.

2. $xdy - ydx = \sqrt{x^2 + y^2}\,dx$.

3. $x\cos\dfrac{y}{x}\dfrac{dy}{dx} = y\cos\dfrac{y}{x} - x$.

4. $\left(x^2 + 2xy\right)\dfrac{dy}{dx} = y^2 - 2xy$.

5. $x\dfrac{dy}{dx} = y - x\cos^2\dfrac{y}{x}$.

6. $(x+y)^2\dfrac{dy}{dx} = x^2 - 2xy + 5y^2$.

7. $xdy - y\log\dfrac{y}{x}\,dx = 0$.

8. $(x-y)ydx - x^2 dy = 0$.

9. $\left(e^{x/y}y^2 + xy\right)dx + \left(e^{x/y}xy - x^2\right)dy = 0$.

10. $\dfrac{dy}{dx} = f\left(\dfrac{ax+by}{cy}\right)$, ($a,b,c$: constantes não nulas).

9 EQUAÇÕES HOMOGRÁFICAS

9.1 Definição e métodos de resolução

Designa-se *equação homográfica* toda a equação diferencial da forma

$$\frac{dy}{dx} = f\left(\frac{a_1 x + a_2 y + a_3}{b_1 x + b_2 y + b_3}\right). \tag{2.30}$$

Como de pronto se verifica, se $a_1 = b_1 = 0$ ou, por outro lado, $a_2 = b_2 = 0$, a equação é de variáveis separáveis; se $a_3 = b_3 = 0$, a equação resulta homogénea, resolvendo-se de acordo com o atrás exposto. No presente número interessa, pois, o caso em que $a_3 \neq 0$ ou $b_3 \neq 0$. Para tal, constrúa-se o determinante

$$\Delta = \begin{vmatrix} a_1 & a_2 \\ b_1 & b_2 \end{vmatrix},$$

considerando, a partir do mesmo, as duas hipóteses que se seguem.

9.1.1 $\Delta = 0$

Neste caso verifica-se a proporção

$$\frac{a_1}{b_1} = \frac{a_2}{b_2} = k,$$

pelo que, procedendo à mudança de variável dependente

$$b_1 x + b_2 y = v \Rightarrow b_1 + b_2 \frac{dy}{dx} = \frac{dv}{dx} \Leftrightarrow \frac{dy}{dx} = \frac{1}{b_2}\left(\frac{dv}{dx} - b_1\right),$$

vem, por substituição em (2.30),

$$\frac{1}{b_2}\left(\frac{dv}{dx} - b_1\right) = f\left(\frac{kv + a_3}{v + b_3}\right),$$

a qual constitui uma equação de variáveis separáveis.

9.1.2 $\Delta \neq 0$

Proceda-se à substituição de x e y, respectivamente, por u e v, de acordo com

$$\begin{cases} x = u + \alpha \\ y = v + \beta, \end{cases} \tag{2.31}$$

com α e β escolhidos de modo que se obtenha uma equação homogénea. Dado que

$$\begin{cases} dx = du \\ dy = dv, \end{cases}$$

resulta, por substituição em (2.30),

$$\frac{dv}{du} = f\left(\frac{a_1 u + a_2 v + a_1 \alpha + a_2 \beta + a_3}{b_1 u + b_2 v + b_1 \alpha + b_2 \beta + b_3}\right).$$

Esta equação torna-se homogénea, se α e β verificam o sistema — possível e determinado, visto que $\Delta \neq 0$,

$$\begin{cases} a_1\alpha + a_2\beta + a_3 = 0 \\ b_1\alpha + b_2\beta + b_3 = 0. \end{cases}$$

Uma vez transformada, resolve-se a equação (homogénea em u e v) de acordo com o exposto no número II.8.. Para tal efectua-se uma nova mudança de variável dependente, de v para z, de acordo com

$$v = uz \Rightarrow \frac{dv}{du} = z + u\frac{dz}{du}. \tag{2.32}$$

Como referido, a nova equação em z e u é de variáveis separáveis. Após a sua integração, vem, dadas as substituições referidas em (2.31) e (2.32), a solução geral em termos das variáveis iniciais, y e x, através de

$$\begin{cases} u = x - \alpha \\ z = \dfrac{v}{u} = \dfrac{y - \beta}{x - \alpha}. \end{cases}$$

9.2 Exercícios resolvidos

9.2.1 $\Delta = 0$

1. $(-2y - x - 1)dx + (4y + 2x + 3)dy = 0$.

Resolução: A equação equivale a

$$\frac{dy}{dx} = \frac{x + 2y + 1}{2x + 4y + 3}.$$

Imediatamente se verifica

$$\Delta = \begin{vmatrix} 1 & 2 \\ 2 & 4 \end{vmatrix} = 0.$$

Pode, pois, proceder-se à mudança de variável

$$x + 2y = v \Rightarrow \frac{dy}{dx} = \frac{1}{2}\left(\frac{dv}{dx} - 1\right).$$

Substituindo na equação, vem

$$\frac{1}{2}\left(\frac{dv}{dx}-1\right)=\frac{v+1}{2v+3} \Leftrightarrow \frac{dv}{dx}=\frac{4v+5}{2v+3} \Leftrightarrow \frac{2v+3}{4v+5}dv=dx \Leftrightarrow$$

$$\int\frac{2v+3}{4v+5}dv=x+C \Leftrightarrow \frac{v}{2}+\frac{1}{8}\log(4v+5)=x+C.$$

Dado $x+2y=v$, resulta o integral geral

$$\frac{x+2y}{2}+\frac{\log(4x+8y+5)}{8}=x+C \Leftrightarrow 8y-4x+\log(4x+8y+5)=C_1. \quad Resposta.$$

2. $\quad \dfrac{dy}{dx}+\dfrac{x+2y}{3x+6y-1}=1.$

Res.: A equação pode escrever-se

$$\frac{dy}{dx}=\frac{2x+4y-1}{3x+6y-1},$$

pelo que

$$\varDelta=\begin{vmatrix} 2 & 4 \\ 3 & 6 \end{vmatrix}=0.$$

Proceda-se à mudança de variável

$$3x+6y=v \Rightarrow \frac{dy}{dx}=\frac{1}{6}\left(\frac{dv}{dx}-3\right).$$

Substituindo na equação, vem, sucessivamente,

$$\frac{1}{6}\left(\frac{dv}{dx}-3\right)=\frac{2v/3-1}{v-1} \Leftrightarrow \frac{v\text{-}1}{7v-9}dv=dx \Leftrightarrow \int\frac{v\text{-}1}{7v-9}dv=x+C \Leftrightarrow$$

$$\frac{v}{7}+\frac{2}{49}\log(7v-9)=x+C.$$

Dado $3x+6y=v$, resulta, após alguns cálculos, o integral geral

$$21y-14x+\log(7x+14y-3)=C_1, \ (C_1=49C/2-\log3). \quad Resp..$$

9.2.2 $\varDelta \neq 0$

1. $\quad (2x-y+4)dy+(x-2y+5)dx=0.$

Resolução: A equação equivale a

$$\frac{dy}{dx} = \frac{-x + 2y - 5}{2x - y + 4}.$$

Deste modo, dado que

$$\Delta = \begin{vmatrix} -1 & 2 \\ 2 & -1 \end{vmatrix} \neq 0,$$

faça-se

$$\begin{cases} x = u + \alpha \\ y = v + \beta \end{cases} \Rightarrow \begin{cases} dx = du \\ dy = dv \end{cases}.$$

Substituindo na equação, vem

$$\frac{dv}{du} = \frac{-u + 2v - \alpha + 2\beta - 5}{2u - v + 2\alpha - \beta + 4}.$$

Esta equação é homogénea, se

$$\begin{cases} -\alpha + 2\beta - 5 = 0 \\ 2\alpha - \beta + 4 = 0 \end{cases} \Leftrightarrow \begin{cases} \alpha = -1 \\ \beta = 2 \end{cases}.$$

Neste caso, pode resolver-se a equação com recurso à nova mudança de variável

$$v = uz \Rightarrow \frac{dv}{du} = z + u\frac{dz}{du},$$

de que resulta, por substituição

$$z + u\frac{dz}{du} = \frac{-u + 2uz}{2u - uz} = \frac{-1 + 2z}{2 - z} \Leftrightarrow \frac{2 - z}{z^2 - 1}dz = \frac{du}{u} \Leftrightarrow \int \frac{2 - z}{z^2 - 1}dz = \log u + C \Leftrightarrow$$

$$\log\frac{z - 1}{z + 1} - \frac{1}{2}\log\left(z^2 - 1\right) = \log u + C.$$

Resta substituir neste integral z e u pelas suas expressões em y e x. Dados os valores determinados para α e β, vêm, respectivamente

$$\begin{cases} u = x - \alpha = x + 1 \\ z = \dfrac{v}{u} = \dfrac{y - \beta}{x - \alpha} = \dfrac{y - 2}{x + 1} \end{cases}.$$

Deste modo, resulta o integral geral da equação dada

$$\log\left[\left(\frac{y - 2}{x + 1} - 1\right) \middle/ \left(\frac{y - 2}{x + 1} + 1\right)\right] - \frac{1}{2}\log\left[\left(\frac{y - 2}{x + 1}\right)^2 - 1\right] = \log(x + 1) + C. \quad \textit{Resposta.}$$

(Nota: Recorrendo a propriedades operatórias dos logaritmos, vem

$$\frac{1}{2}\log\left(\frac{y-x-3}{x+1}\right)-\frac{3}{2}\log\left(\frac{y+x-1}{x+1}\right)=\log(x+1)+C \Leftrightarrow \frac{y-x-3}{(y+x-1)^3}=C_1$$

Deixa-se como exercício a dedução do resultado.)

2. $\quad \dfrac{dy}{dx}=\dfrac{x+y+2}{x-y}.$

Res.: Verifica-se, de imediato,

$$\Delta=\begin{vmatrix} 1 & 2 \\ 1 & -1 \end{vmatrix}\neq 0.$$

Proceda-se à mudança de variável

$$\begin{cases} x=u+\alpha \\ y=v+\beta \end{cases} \Rightarrow \begin{cases} dx=du \\ dy=dv \end{cases};$$

a equação transformada resulta homogénea, se

$$\begin{cases} \alpha+\beta+2=0 \\ \alpha-\beta=0 \end{cases} \Leftrightarrow \alpha=\beta=-1.$$

Pode então escrever-se a equação

$$\frac{dv}{du}=\frac{u+v}{u-v},$$

a qual, mediante a nova mudança de variável

$$v=uz \Rightarrow \frac{dv}{du}=z+u\frac{dz}{du},$$

se transforma em uma equação de variáveis separáveis

$$z+u\frac{dz}{du}=\frac{u+uz}{u-uz}=\frac{1+z}{1-z} \Leftrightarrow \frac{1-z}{1+z^2}dz=\frac{du}{u}.$$

Vem, deste modo, o integral

$$\arctan z-\frac{1}{2}\log(1+z^2)=\log u+C$$

ou, reintroduzindo as variáveis iniciais,

$$\arctan\frac{y+1}{x+1}-\frac{1}{2}\log\left[1+\left(\frac{y+1}{x+1}\right)^2\right]=\log(x+1)+C \Leftrightarrow$$

$$2\ \arctan\frac{y+1}{x+1}-\log(y^2+2y+x^2+2x+2)=C_1; \ (C_1=2C). \quad \textit{Resp..}$$

Exercícios propostos

1 $\Delta = 0$

a) $(2x - 4y + 5)dy = (x - 2y + 3)dx$.

b) $(ax + y + b)dy - (ax + y - b)dx = 0$.

c) $\dfrac{dy}{dx} = \left(\dfrac{x + y - 1}{2x + 2y + 3} \right)^2$.

2 $\Delta \neq 0$

a) $(3y - x)\dfrac{dy}{dx} = 3x - y + 4$.

b) $\dfrac{dy}{dx} = \dfrac{-x + 5y - 5}{5x - y + 1}$.

c) $\dfrac{dy}{dx} = \dfrac{y + 5}{x} + \sin \dfrac{y + 5}{x}$.

10   EQUAÇÕES DE PRIMEIRA ORDEM NÃO RESOLVIDAS[8]

10.1 Equações resolúveis em ordem a y'

10.1.1   Definição e método de resolução[9]

Considerem-se, em primeiro lugar, no conjunto das equações não resolvidas, aquelas que podem escrever-se na forma

$$[y' - F_1(x, y)][y' - F_2(x, y)] \ldots [y' - F_n(x, y)] = 0, \qquad (2.33)$$

---

[8]   Como referido em II.1, restringe-se o presente número ao cálculo de soluções gerais ou particulares, omitindo-se, pois, a determinação de integrais singulares das equações não resolvidas.

[9]   Como se depreenderá do exposto, uma equação não resolvida pode, simultaneamente, ser resolúvel em ordem a y', y ou x. A escolha do método de integração mais adequado dependerá, como é óbvio, da equação concreta em análise. Por tal motivo, se julgou mais adequada a apresentação conjunta, no fim do presente número, dos exercícios propostos relativos aos três tipos de equações aqui incluídas.

e que, por tal motivo, se designam *equações resolúveis em ordem a* y'. (Por comodidade, adopta-se aqui a notação y' para a derivada de y em ordem a x.)

A equação origina, naturalmente, o conjunto de equações resolvidas

$$y' = F_1(x,y), y' = F_2(x,y), \ldots, y' = F_n(x,y),$$

cuja resolução conduz, por hipótese, aos integrais gerais

$$f_1(x,y,C) = 0, f_2(x,y,C) = 0, \ldots, f_n(x,y,C) = 0. \tag{2.34}$$

Define-se então o integral geral da equação (2.33), como uma equação do tipo

$$f(x,y,C) = 0,$$

verificada, se, e só se, uma ou mais das equações (2.34) o são. De modo equivalente, pode assim escrever-se o integral geral da equação inicial como

$$f_1(x,y,C) f_2(x,y,C) \ldots f_n(x,y,C) = 0.$$

10.1.2   Exercícios resolvidos

1. $y'^2 - 2y' + x = 0$.

Resolução: A equação é de grau 2. Resolvendo em ordem a y', sai

$$y' = \frac{2 \pm \sqrt{4 - 4x}}{2}.$$

Resultam, pois, as duas equações de integração imediata,

$$y' = 1 + \sqrt{1-x} \vee y' = 1 - \sqrt{1-x},$$

de que se obtêm, respectivamente, os integrais gerais

$$y = x - \frac{2}{3}(1-x)^{3/2} + C \vee y = x + \frac{2}{3}(1-x)^{3/2} + C.$$

Vem a solução geral da equação, dada na forma

$$\left[y - x + \frac{2}{3}(1-x)^{3/2} + C \right]\left[y - x - \frac{2}{3}(1-x)^{3/2} + C \right] = 0. \quad Resposta.$$

(Nota: Desta expressão sai $9(y - x + C)^2 = 4(1-x)^3$ – dedução como exercício.)

2. $y'^2 + y^2 = 1$.

Res.: Da equação resultam

$$y' = \sqrt{1-y^2} \lor y' = -\sqrt{1-y^2}.$$

Resolvendo uma e outra, vem, sucessivamente,

$$\frac{dy}{dx} = \sqrt{1-y^2} \lor \frac{dy}{dx} = -\sqrt{1-y^2} \Leftrightarrow \frac{dy}{\sqrt{1-y^2}} = dx \lor \frac{dy}{\sqrt{1-y^2}} = -\ dx \Leftrightarrow$$

$$\arcsin y = x + C \lor \arcsin y = -x + C \Leftrightarrow y = \sin(x+C) \lor y = \sin(-x+C).$$

Resulta, deste modo, o integral geral da equação

$$[y - \sin(x+C)][y - \sin(-x+C)] = 0. \quad Resp..$$

3. $yy'^2 - 2xy' + y = 0$.

Res.: Resolvendo em ordem a y', saem as equações diferenciais homogéneas

$$y' = \frac{2x \pm \sqrt{4x^2 - 4y^2}}{2y} = \frac{x}{y} \pm \sqrt{\frac{x^2}{y^2} - 1}.$$

Com vista à sua resolução conjunta, faça-se

$$y = vx \Rightarrow \frac{dy}{dx} = v + x\frac{dv}{dx};$$

Introduzindo nas equações esta mudança de variável, obtém-se, sucessivamente,

$$v + x\frac{dv}{dx} = \frac{1}{v} \pm \sqrt{\frac{1}{v^2} - 1} \Leftrightarrow dv\frac{v}{1-v^2 \pm \sqrt{1-v^2}} = \frac{dx}{x} \Leftrightarrow$$

$$\int \frac{v\,dv}{1-v^2 \pm \sqrt{1-v^2}} = \int \frac{dx}{x} + C = \log x + C.$$

Cálculo do primeiro integral através do método de substituição:

$$1 - v^2 = t^2 \Rightarrow -2v\,dv = 2t\,dt \Leftrightarrow dv = -t\,dt/v;$$

$$\int \frac{v\,dv}{1-v^2 \pm \sqrt{1-v^2}} = -\int \frac{t}{v}\,dt\frac{v}{t^2 \pm t} = -\int \frac{dt}{t \pm 1} = -\log(t \pm 1) = -\log\left(\sqrt{1-v^2} \pm 1\right).$$

Vêm, deste modo, as soluções

$$-\log\left(\sqrt{1-v^2} \pm 1\right) = \log x +$$

$$\log\left[x\left(\sqrt{1-y^2/x^2} \pm 1\right)\right] = C \Leftrightarrow \sqrt{}$$

Pode, finalmente, escrever-se o integral geral na forma

$$\left(\sqrt{x^2 - y^2} + x + C\right)\left(\sqrt{x^2 - y^2} - x + C\right) = 0. \quad Resp..$$

4. $\quad y'^2 - 2xy' + x^2 - y^2 = 0.$

Res.: Esta equação, de grau 2, pode escrever-se na forma

$$(y' - x - y)(y' - x + y) = 0.$$

Resultam, pois, as equações diferenciais (lineares)

$$\frac{dy}{dx} - y = x \vee \frac{dy}{dx} + y = x,$$

que admitem, como factor integrante, respectivamente, e^{-x}, e^x. Multiplicando cada equação pelo respectivo factor integrante, vem

$$e^{-x}dy - ye^{-x}dx = xe^{-x}dx \vee e^x dy + ye^x dx = xe^x dx \Leftrightarrow$$

$$ye^{-x} = -(x+1)e^{-x} + C \vee ye^x = (x-1)e^x + C \Leftrightarrow$$

$$(y - Ce^x + x + 1)(y - Ce^{-x} - x + 1) = 0. \quad Resp..$$

10.2 Equações resolúveis em ordem a y

10.2.1 Definição e método de resolução

Sucede por vezes que a equação a integrar não é resolúvel em ordem a y'. Em tal caso, pode ser vantajosa a sua resolução em ordem a y ou x. Diz-se que uma equação diferencial é *resolúvel em ordem a y*, se pode escrever-se na forma

$$y = F(x, y'). \tag{2.35}$$

A fim de resolver a equação, pode proceder-se como segue: efectue-se, por comodidade, a substituição $y' = p$. Derivando (2.35) em ordem a x, vem a equação

$$y' = p = \frac{\partial F}{\partial x} + \frac{\partial F}{\partial p}\frac{dp}{dx}, \tag{2.36}$$

de primeira ordem, resolvida, em p e x. Admitindo esta um integral geral da forma

$$p = y' = f(x, C),$$

para obter a solução geral de (2.35), basta substituir, nesta, y' por f. Resulta

$$y = F[x, f(x, C)],$$

Se, por outro lado, o integral geral de (2.36) vem dado por

$$x = g(p, C),$$

esta expressão constitui, junto com (2.35), a forma paramétrica (de parâmetro p) do integral geral pretendido. Este expressa-se, por conseguinte, na forma

$$\begin{cases} y = F[g(p,C), p] \\ x = g(p,C). \end{cases}$$

10.2.2   Exercícios resolvidos

1. $y = xg(y') + h(y')$ *(Equação de d'Alembert)*.

Resolução: Faça-se, como indicado, $y' = p$. Derivando a equação, obtém-se

$$y' = p = g(p) + xg'(p)\frac{dp}{dx} + h'(p)\frac{dp}{dx} \Leftrightarrow \frac{dp}{dx} = \frac{p - g(p)}{xg'(p) + h'(p)} \Leftrightarrow$$

$$\frac{dx}{dp} + x\frac{g'(p)}{g(p) - p} = \frac{h'(p)}{p - g(p)}.$$

Trata-se de uma equação linear em x, resolvida com recurso a qualquer dos três métodos expostos no número II.6.   *Resposta*.

2. $y = xy' + h(y')$ *(Equação de Clairaut)*.

Res.: Esta equação constitui um caso particular da anterior, em que $g(y') = y'$. Efectuando a substituição habitual e derivando, vem

$$y' = p = p + x\frac{dp}{dx} + h'(p)\frac{dp}{dx} \Leftrightarrow \frac{dp}{dx}[x + h'(p)] = 0.$$

Se se retém a solução $dp/dx = 0$, sai $p = C$, pelo que, substituindo y' na equação dada, resulta o integral geral

$$y = xp + h(p) = Cx + h(C).   \text{Resp.}.$$

3. $xy'^2 - 2yy' - x = 0$.

Res.: A equação é resolúvel em ordem a y, podendo escrever-se

$$y = x\frac{y'^2 - 1}{2y'}.$$

Fazendo $y' = p$ e derivando em ordem a x, resulta

$$y' = p = \frac{p^2 - 1}{2p} + x\frac{p^2 + 1}{2p^2}\frac{dp}{dx} \Leftrightarrow x\frac{p^2 + 1}{2p^2}\frac{dp}{dx} = \frac{p^2 + 1}{2p} \Leftrightarrow \frac{dp}{p} = \frac{dx}{x} \Leftrightarrow$$

$$\log p = \log x + C \Leftrightarrow \frac{p}{x} = C \Leftrightarrow p = Cx.$$

Substituindo em $y = x\dfrac{p^2 - 1}{2p}$, vem o integral geral da equação

$$y = x\frac{C^2 x^2 - 1}{2Cx} = \frac{C}{2}x^2 - \frac{1}{2C}. \quad Resp..$$

10.3 Equações resolúveis em ordem a x

10.3.1   Definição e método de resolução

Uma equação de primeira ordem diz-se *resolúvel em ordem a x*, se, como o próprio nome indica, pode escrever-se na forma

$$x = F(y, y'). \tag{2.37}$$

A fim de resolver a equação, proceda-se, também neste caso, à substituição $y' = p$ e derive-se, agora em ordem a y. Vem

$$\frac{dx}{dy} = \frac{1}{p} = \frac{\partial F}{\partial y} + \frac{\partial F}{\partial p}\frac{dp}{dy}, \tag{2.38}$$

a qual constitui uma equação de primeira ordem, resolvida, em p e y. Admitindo esta um integral geral da forma

$$p = f(y, C),$$

resulta, por substituição em (2.37), o integral geral

$$x = F[g(p, C), p].$$

Se, por outro lado, a solução geral de (2.38) vem dada na forma

$$y = g(p,C),$$

esta expressão constitui, junto com (2.37), a forma paramétrica (de parâmetro p) do integral geral pretendido. Este vem, por conseguinte, expresso na forma

$$\begin{cases} x = F[g(p,C),p] \\ y = g(p,C) \end{cases}.$$

10.3.2 Exercícios resolvidos

1. $xy'^2 - 2yy' - x = 0$.

Resolução: Como verificado no último exercício resolvido, esta equação é resolúvel em ordem a y. Resolva-se agora em ordem a x; vem

$$x = \frac{2yy'}{y'^2 - 1},$$

pelo que, fazendo $y' = p$ e derivando em ordem a y, se obtém, sucessivamente,

$$x = \frac{2yp}{p^2 - 1} \Rightarrow \frac{dx}{dy} = \frac{1}{p} = \frac{2p}{p^2 - 1} - 2y\frac{p^2 + 1}{(p^2 - 1)^2}\frac{dp}{dy} \Rightarrow \frac{2y}{p^2 - 1}\frac{dp}{dy} = \frac{1}{p} \Leftrightarrow$$

$$\frac{2p}{p^2 - 1}dp = \frac{dy}{y}.$$

A equação resultante é de variáveis separadas em p e y; a sua solução geral vem

$$\log(p^2 - 1) = \log y + C \Leftrightarrow p^2 - 1 = Cy \Leftrightarrow p^2 = Cy + 1.$$

Substituindo na equação dada, expressa em termos de x, resulta

$$x = \frac{2yp}{p^2 - 1} = \frac{2y\sqrt{Cy + 1}}{Cy} \Leftrightarrow Cx = 2\sqrt{Cy + 1} \Rightarrow C^2x^2 = 4Cy + 4 \Leftrightarrow$$

$$y = \frac{Cx^2}{4} - \frac{1}{C}. \quad \textit{Resposta}.$$

(Esta solução é essencialmente idêntica à do exercício resolvido 3, na subsecção anterior. A divergência de constantes arbitrárias deve-se a que a presente constante é igual ao dobro da anterior.)

Equações de Primeira Ordem   71

2. $4y'^2 - 9x = 0$.

Res.: Resolvendo em ordem a x e considerando $y' = p$, vem, sucessivamente,

$$x = \frac{4}{9}p^2 \Rightarrow \frac{dx}{dy} = \frac{1}{p} = \frac{8}{9}p\frac{dp}{dy} \Leftrightarrow \frac{8}{9}p^2 dp = dy \Leftrightarrow \frac{8p^3}{27} = y + C \Leftrightarrow p = \frac{3}{2}\sqrt[3]{y+C} .$$

A substituição de p na equação, conduz a

$$x = \frac{4}{9}p^2 = \frac{4}{9} \times \frac{9}{4}(y+C)^{2/3} \Leftrightarrow x = (y+C)^{2/3} . \quad Resp..$$

(Note-se que a equação pode também resolver-se em ordem a y' .)

3. $x - y + ay' - a\log y' = 0$.

Res.: Resolvendo, por exemplo, em ordem a x, vem

$$x = y - ap + a\log p \Rightarrow \frac{dx}{dy} = \frac{1}{p} = 1 - a\frac{dp}{dy} + a\frac{dp/dy}{p} \Leftrightarrow a\frac{dp}{dy}\left(\frac{1}{p} - 1\right) = \frac{1}{p} - 1 \Rightarrow$$

$$a\frac{dp}{dy} = 1 \Leftrightarrow ap = y + C \Leftrightarrow p = \frac{y+C}{a} .$$

Substituindo na equação,

$$x = y - ap + a\log p \Leftrightarrow x = y - y - C + a\log\frac{y+C}{a} \Leftrightarrow$$

$$x + C = a\log\frac{y+C}{a} . \quad Resp..$$

(A equação pode também resolver-se em ordem a y.)

4. $3y'^2 y = (2y'^3 - 1)x$.

Res.: É difícil a resolução em ordem a y' ; resolvendo em ordem a x, fica

$$x = \frac{3y'^2 y}{2y'^3 - 1} = \frac{3p^2 y}{2p^3 - 1} ;$$

derivando em ordem a y,

$$\frac{dx}{dy} = \frac{1}{p} = \frac{3p^2}{2p^3 - 1} + 3y\frac{-2p^4 - 2p}{(2p^3 - 1)^2}\frac{dp}{dy} .$$

A integração da equação, de variáveis separáveis em p e y, não é fácil. Torna-se mais cómodo integrar a equação inicial, resolvendo-a em ordem a y.

$$3y'^2 \, y = (2y'^3 - 1)x \Leftrightarrow y = x\frac{2y'^3 - 1}{3y'^2} = \frac{2}{3}px - \frac{x}{3p^2}.$$

A derivação em ordem a x conduz a

$$\frac{dy}{dx} = p = \frac{2}{3}p + \frac{2}{3}x\frac{dp}{dx} - \frac{1}{3p^2} + \frac{2x}{3p^3}\frac{dp}{dx} \Leftrightarrow p\left(1 + \frac{1}{p^3}\right) = 2x\frac{dp}{dx}\left(1 + \frac{1}{p^3}\right) \Rightarrow$$

$$p = 2x\frac{dp}{dx} \Leftrightarrow 2\frac{dp}{p} = \frac{dx}{x} \Leftrightarrow \log p^2 = \log x + C \Leftrightarrow p^2 = Cx \Leftrightarrow p = \pm\sqrt{Cx}.$$

Substituindo na equação dada,

$$y = \frac{2}{3}px - \frac{x}{3p^2} = \pm\frac{2}{3}x\sqrt{Cx} - \frac{x}{3Cx} \Rightarrow \left(3y + \frac{1}{C}\right)^2 = 4Cx^3. \quad Resp..$$

Exercícios propostos

1. $xy'^2 + 2xy' - y = 0$.

2. $y\left(\dfrac{dy}{dx}\right)^2 - (xy + 1)\dfrac{dy}{dx} + x = 0$.

3. $\left(\dfrac{dy}{dx}\right)^3 - 4x^2y^2\dfrac{dy}{dx} = 0$.

4. $y = xy' + \sqrt{1 + y'^2}$.

5. $yy' = xy'^2 + 1$.

6. $y = \left(1 + \dfrac{dy}{dx}\right)x - \left(\dfrac{dy}{dx}\right)^2$.

7. $\cos x\left(dx^2 - dy^2\right) = 2\sin x \, dx \, dy$.

8. $x - y = 2ay' - ay'^2$.

III. EQUAÇÕES DE ORDEM SUPERIOR

1 INTRODUÇÃO

Expõem-se no presente número diversos tipos correntes de equações diferenciais de ordem superior à primeira. De entre estas, salienta-se, pela sua importância, o grupo das equações lineares, apresentado no número III.5.

A título de introdução, à semelhança do exposto em II.1, enuncie-se sem demonstração o seguinte teorema, relativo à existência do integral de uma equação de ordem superior. Considere-se para o efeito uma equação de ordem n na forma normal,

$$\frac{d^n y}{dx^n} = f\left(x, y, \frac{dy}{dx}, \dots, \frac{d^{n-1}y}{dx^{n-1}}\right). \tag{3.1}$$

Teorema 3.1

Seja f: $D \subseteq \Re^{n+1} \to \Re$, *definida por* f(x,$y_1$,...,$y_n$), *contínua e admitindo derivadas parciais* $\partial f / \partial y_i$, i = 1, ..., n, *limitadas, em todo o domínio* D. *Nestas condições, a equação diferencial (3.1) possui uma e uma só solução* y = y(x) *tal, que* $y(x_0) = y_0$, $y'(x_0) = y_0'$, ..., $y^{(n-1)}(x_0) = y_0^{(n-1)}$, $\forall(x_0, y_0, y_0', ..., y_0^{(n-1)}) \in$ i(D).

O teorema garante existência e unicidade do integral de uma equação de qualquer ordem que verifique as condições referidas. Quanto à solução geral da equação, esta assume, como referido — cfr. número I.1 — a forma genérica indicada em (1.4).

2 EQUAÇÕES DO TIPO $y^{(n)} = f(x)$[10]

2.1 Método de resolução

Resolve-se este tipo de equações por integração sucessiva. Em termos formais

$$\frac{d^n y}{dx^n} = f(x) \Leftrightarrow \frac{d^{n-1} y}{dx^{n-1}} = \int f(x)dx + c_1 \Leftrightarrow$$

$$\frac{d^{n-2} y}{dx^{n-2}} = \int \left[\int f(x)dx + c_1 \right]dx + c_2 = \iint f(x)dx^2 + c_1 x + c_2 \Leftrightarrow$$

$$\frac{d^{n-3} y}{dx^{n-3}} = \int \left[\iint f(x)dx^2 + c_1 x + c_2 \right]dx + c_3 =$$

$$\iiint f(x)dx^3 + c_1 \frac{x^2}{2} + c_2 x + c_3 \Leftrightarrow \ldots \Leftrightarrow$$

$$y = \iint \ldots \int f(x)dx^n + C_1 x^{n-1} + C_2 x^{n-2} + \ldots + C_n,$$

$C_i, i = 1, \ldots, n$: constantes arbitrárias.

2.2 Exercícios resolvidos

1. $\dfrac{d^3 y}{dx^3} = x^2 - \cos x$

   Resolução: Integrando sucessivamente, vem

$$\frac{d^3 y}{dx^3} = x^2 - \cos x \Leftrightarrow \frac{d^2 y}{dx^2} = \frac{x^3}{3} - \sin x + c_1 \Leftrightarrow \frac{dy}{dx} = \frac{x^4}{12} + \cos x + c_1 x + c_2 \Leftrightarrow$$

$$y = \frac{x^5}{60} + \sin x + c_1 \frac{x^2}{2} + c_2 x + c_3 = \frac{x^5}{60} + \sin x + C_1 x^2 + C_2 x + C_3. \quad \textit{Resposta.}$$

---

[10] Os exercícios propostos relativos aos números III.2 a III.4 apresentam-se após o número III.4.

2. $\dfrac{d^n y}{dx^n} = e^x(x+n)$.

Res.: Da equação dada resulta

$$\frac{d^{n-1}y}{dx^{n-1}} = \int e^x(x+n)dx + c_1 = e^x(x+n) - \int e^x dx + c_1 = e^x(x+n-1) + c_1 \Leftrightarrow$$

$$\frac{d^{n-2}y}{dx^{n-2}} = \int \left[e^x(x+n-1) + c_1\right]dx + c_2 = e^x(x+n-1) - \int e^x dx + c_1 x + c_2 =$$

$$e^x(x+n-2) + c_1 x + c_2 \Leftrightarrow \frac{d^{n-3}y}{dx^{n-3}} = \int \left[e^x(x+n-2) + c_1 x + c_2\right]dx + c_3 =$$

$$e^x(x+n-2) - \int e^x dx + c_1 \frac{x^2}{2} + c_2 x + c_3 =$$

$$e^x(x+n-3) + c_1 \frac{x^2}{2} + c_2 x + c_3 \Leftrightarrow \ldots \Leftrightarrow$$

$$\frac{dy}{dx} = e^x(x+1) + c_1 \frac{x^{n-2}}{(n-2)!} + c_2 \frac{x^{n-3}}{(n-3)!} + \ldots c_{n-2} x + c_{n-1} \Leftrightarrow$$

$$y = e^x x + c_1 \frac{x^{n-1}}{(n-1)!} + c_2 \frac{x^{n-2}}{(n-2)!} + \ldots + c_{n-2} \frac{x^2}{2} + c_{n-1} x + c_n.$$

O integral geral pode, pois, escrever-se

$$y = e^x x + \sum_{i=1}^{n} C_i x^{n-i}. \quad Resp..$$

3 EQUAÇÕES QUE NÃO ENVOLVEM x

3.1 Método de resolução

Se uma equação de ordem n não envolve x, pode escrever-se na forma

$$F\left(\frac{d^n y}{dx^n}, \frac{d^{n-1}y}{dx^{n-1}}, \ldots, \frac{dy}{dx}, y\right) = 0. \tag{3.2}$$

Por norma, a resolução do presente tipo de equações, bem como do grupo exposto no número III.4, passa pela redução da ordem. Para tal, transforme-se (3.2) de acordo com

$$\frac{dy}{dx} = p, \tag{3.3}$$

76   *Equações Diferenciais Ordinárias*

resultando uma equação de ordem $n-1$, em p e y. Vêm, com efeito,

$$\frac{d^2 y}{dx^2} = \frac{dp}{dx} = \frac{dp}{dy}\frac{dy}{dx} = \frac{dp}{dy}p \Rightarrow \tag{3.4}$$

$$\frac{d^3 y}{dx^3} = \frac{d}{dx}\left(\frac{dp}{dy}p\right) = \frac{d}{dy}\left(\frac{dp}{dy}p\right)\frac{dy}{dx} = \left[\frac{d^2 p}{dy^2}p + \left(\frac{dp}{dy}\right)^2\right]p =$$

$$\frac{d^2 p}{dy^2}p^2 + \left(\frac{dp}{dy}\right)^2 p,$$

e assim sucessivamente para outras derivadas de ordem superior. Uma vez resolvida a equação transformada, substitui-se p por dy/dx, no integral geral, resultando, por seu turno, uma nova equação em x e y a resolver.

3.2   Exercícios resolvidos

1. $\left(\dfrac{dy}{dx}\right)^2 - y\dfrac{d^2 y}{dx^2} = y^2\dfrac{dy}{dx}.$

Resolução. Faça-se $dy/dx = p$; vem

$$\frac{d^2 y}{dx^2} = \frac{dp}{dx} = \frac{dp}{dy}p.$$

Introduzindo na equação,

$$p^2 - y\frac{dp}{dy}p = y^2 p \Rightarrow p - y\frac{dp}{dy} = y^2 \Leftrightarrow \frac{dp}{dy} - \frac{p}{y} = -y;$$

resolva-se esta equação, linear em p (método da variação das constantes):

$$\frac{dp}{dy} - \frac{p}{y} = 0 \Leftrightarrow \frac{dp}{p} = \frac{dy}{y} \Leftrightarrow \log p = C + \log y \Leftrightarrow p = Cy \Rightarrow \frac{dp}{dy} = C + \frac{dC}{dy}y;$$

$$\frac{dp}{dy} - \frac{p}{y} = -y \Leftrightarrow C + \frac{dC}{dy}y - \frac{Cy}{y} = -y \Leftrightarrow dC = -dy \Leftrightarrow C = c_1 - y.$$

Resulta o integral geral

$$p = Cy = c_1 y - y^2.$$

Dado que $p = dy/dx$, vem a nova equação

$$\frac{dy}{dx} = c_1 y - y^2 \Leftrightarrow \frac{dy}{c_1 y - y^2} = dx;$$

uma vez que

$$\frac{1}{c_1 y - y^2} = \frac{1}{c_1}\left(\frac{1}{c_1 - y} + \frac{1}{y}\right),$$

sai

$$\frac{1}{c_1} \log \frac{y}{c_1 - y} = x + c_2 \Leftrightarrow \log \frac{y}{C_1 - y} = C_1 x + C_2. \quad \textit{Resposta.}$$

2. $\dfrac{d^2 y}{dx^2} y + \left(\dfrac{dy}{dx}\right)^2 - \left(\dfrac{dy}{dx}\right)^3 \log y = 0$.

Res.: Procedendo às substituições indicadas em (3.3) e (3.4), vem

$$p \frac{dp}{dy} y + p^2 - p^3 \log y = 0 \Leftrightarrow py \frac{dp}{dy} + p^2 = p^3 \log y \Rightarrow \frac{dp}{dy} + \frac{p}{y} = p^2 \frac{\log y}{y},$$

equação de Bernoulli, tipo II, em p. Efectua-se a mudança de variável (2.21)

$$p^{1-2} = z \Rightarrow -p^{-2} \frac{dp}{dy} = \frac{dz}{dy} \Leftrightarrow \frac{dp}{dy} = -p^2 \frac{dz}{dy}.$$

A equação resulta

$$-p^2 \frac{dz}{dy} + \frac{p}{y} = p^2 \frac{\log y}{y} \Leftrightarrow \frac{dz}{dy} - \frac{z}{y} = -\frac{\log y}{y}.$$

Resolução desta equação, linear em z, pelo método da variação das constantes:

$$\frac{dz}{dy} - \frac{z}{y} = 0 \Leftrightarrow \frac{dz}{z} = \frac{dy}{y} \Leftrightarrow z = Cy \Rightarrow \frac{dz}{dy} = C + \frac{dC}{dy} y,$$

$$\frac{dz}{dy} - \frac{z}{y} = -\frac{\log y}{y} \Leftrightarrow C + \frac{dC}{dy} y - C = \frac{dC}{dy} y = -\frac{\log y}{y} \Leftrightarrow$$

$$\frac{dC}{dy} = -\frac{\log y}{y^2} \Leftrightarrow C = \frac{\log y}{y} - \int \frac{1}{y^2} dy = \frac{\log y}{y} + \frac{1}{y} + c_1,$$

$$z = Cy \Leftrightarrow \frac{1}{p} = \log y + 1 + c_1 y \Leftrightarrow p = \frac{1}{\log y + 1 + c_1 y}.$$

Substituindo p por dy/dx, resulta a equação

$$dy(\log y + 1 + c_1 y) = dx \Leftrightarrow y(\log y - 1) + y + c_1 \frac{y^2}{2} = x + c_2 \Leftrightarrow$$

$$x = y \log y + C_1 y^2 + C_2. \quad Resp..$$

3. $\dfrac{d^2 y}{dx^2} = \dfrac{a}{y^3}$.

Res.: A partir da substituição $dy/dx = p$, vem

$$\frac{dp}{dy} p = \frac{a}{y^3} \Leftrightarrow p\,dp = \frac{a}{y^3}\,dy \Leftrightarrow \frac{p^2}{2} = -\frac{a}{2y^2} + c_1 \Leftrightarrow p = \pm\sqrt{c_1 - \frac{a}{2y^2}} \Leftrightarrow$$

$$\frac{dy}{dx} = \pm\sqrt{c_1 - \frac{a}{2y^2}} \Leftrightarrow \pm\frac{y\,dy}{\sqrt{c_1 y^2 - a}} = dx \Leftrightarrow$$

$$\pm\frac{1}{c_1}\sqrt{c_1 y^2 - a} = x + c_2 \;\Rightarrow\; C_1 y^2 - a = C_1^{\,2}(x + C_2)^2. \quad Resp..$$

4 EQUAÇÕES QUE NÃO ENVOLVEM y

4.1 Método de resolução

Este tipo de equação pode, em geral, escrever-se na forma

$$F\left(\frac{d^n y}{dx^n}, \frac{d^{n-1} y}{dx^{n-1}}, \ldots, \frac{dy}{dx}, x\right) = 0.$$

Recorrendo, de novo, à transformação (3.3), vêm, por exemplo,

$$\frac{d^2 y}{dx^2} = \frac{dp}{dx} \Rightarrow \frac{d^3 y}{dx^3} = \frac{d^2 p}{dx^2}$$

e assim sucessivamente. Deste modo, a equação transformada é de ordem $n-1$ em p e x. Se necessário, reduz-se de novo a ordem, mediante transformação posterior. Note-se a propósito que, se, por exemplo, a equação dada também não envolve dy/dx, pode efectuar-se a transformação $d^2 y/dx^2 = p$, resultando uma equação de ordem $n-2$.

Equações de Ordem Superior   79

4.2 Exercícios resolvidos

1. $x\dfrac{d^2 y}{dx^2} = \dfrac{dy}{dx}\log\dfrac{dy/dx}{x}$.

Resolução: Faça-se $dy/dx = p$; resulta imediatamente

$$\frac{d^2 y}{dx^2} = \frac{dp}{dx},$$

pelo que se obtém a equação homogénea

$$x\frac{dp}{dx} = p\log\frac{p}{x} \Leftrightarrow \frac{dp}{dx} = \frac{p}{x}\log\frac{p}{x}.$$

Recorrendo, pois, à mudança de variável (2.28)

$$p = vx \Rightarrow \frac{dp}{dx} = v + x\frac{dv}{dx},$$

vem a equação, de variáveis separáveis em v e x,

$$v + x\frac{dv}{dx} = v\log v \Leftrightarrow \frac{dv/v}{\log v - 1} = dx \Leftrightarrow \log(\log v - 1) = x + c_1 \Leftrightarrow v = e^{c_1 x + 1}.$$

Reintroduzindo as variáveis iniciais e resolvendo, obtém-se

$$\frac{p}{x} = e^{c_1 x + 1} \Leftrightarrow \frac{dy}{dx} = xe^{c_1 x + 1} \Leftrightarrow \int dy = \int xe^{c_1 x + 1}dx + c_2 \Leftrightarrow$$

$$y = \frac{1}{c_1^2}e^{c_1 x + 1}(c_1 x + 1) + c_2 \Leftrightarrow y = e^{x/C_1 + 1}(C_1 x + C_1^2) + C_2, \; C_1 = \frac{1}{c_1} \neq 0.$$

Resp..

2. $x\dfrac{d^3 y}{dx^3} + \dfrac{d^2 y}{dx^2} = 1 + x$.

Res.: A equação não envolve y nem dy/dx. Donde, considerando $d^2 y/dx^2 = p$,

vem $d^3 y/dx^3 = dp/dx$, o qual conduz à equação linear em p

$$x\frac{dp}{dx} + p = 1 + x.$$

Resolução (método da variação das constantes):

$$x\frac{dp}{dx} + p = 0 \Leftrightarrow \frac{dp}{p} = -\frac{dx}{x} \Leftrightarrow p = \frac{C}{x} \Rightarrow \frac{dp}{dx} = -\frac{C}{x^2} + \frac{dC/dx}{x},$$

$$x\frac{dp}{dx} + p = x+1 \Leftrightarrow -\frac{C}{x} + \frac{dC}{dx} + \frac{C}{x} = \frac{dC}{dx} = x+1 \Leftrightarrow C = \frac{x^2}{2} + x + c_1,$$

$$p = \frac{C}{x} \Leftrightarrow p = \frac{x}{2} + 1 + \frac{c_1}{x}.$$

Deste modo, resulta a equação

$$p = \frac{d^2 y}{dx^2} = \frac{x}{2} + 1 + \frac{c_1}{x},$$

de que se obtém, por integração sucessiva,

$$\frac{dy}{dx} = \frac{x^2}{4} + x + c_1 \log x + c_2 \Leftrightarrow y = \frac{x^3}{12} + \frac{x^2}{2} + C_1 x(\log x - 1) + C_2 x + C_3. \quad Resp..$$

3. $\quad \dfrac{dy}{dx} + \dfrac{1}{4}\left(\dfrac{d^2 y}{dx^2}\right)^2 = x\dfrac{d^2 y}{dx^2}.$

Res.: Recorrendo à transformação habitual, resulta a equação de Clairaut (cfr. II.10.2.2, exercício 2)

$$p + \frac{1}{4}\left(\frac{dp}{dx}\right)^2 = x\frac{dp}{dx} \Leftrightarrow p = x\frac{dp}{dx} - \frac{1}{4}\left(\frac{dp}{dx}\right)^2,$$

cujo integral vem igual a

$$p = \frac{dy}{dx} = c_1 x - \frac{1}{4}c_1^2.$$

Integrando esta nova equação, resulta $y = C_1 x^2 - C_1^2 x + C_2.$ $\quad Resp..$

4. $\quad y' = x(y'')^2 + (y'')^2.$

Res.: Faça-se

$$y' = p \Rightarrow y'' = p';$$

resulta a equação de primeira ordem não resolvida

$$p = x(p')^2 + (p')^2$$

ou, resolvendo em ordem a p', as equações de variáveis separáveis

$$p' = \pm\sqrt{p/(x+1)} \Leftrightarrow \pm dp/\sqrt{p} = dx/\sqrt{x+1},$$

de solução geral $\pm 2\sqrt{p} = 2\sqrt{x+1} + c_1 \Rightarrow p = \left(\sqrt{x+1} + c_1\right)^2 = y'.$

Vem, por fim, o integral geral pretendido

$$y' = \left(\sqrt{x+1} + c_1\right)^2 = x+1+2c_1\sqrt{x+1} + c_1^2 \Leftrightarrow$$

$$y = x^2/2 + x + 4C_1(x+1)^{3/2}/3 + \left(C_1^2 + 1\right)x + C_2. \quad Resp..$$

Exercícios propostos

1. $\dfrac{d^3 y}{dx^3} = xe^x$.

2. $\dfrac{d^3 y}{dx^3} = \dfrac{2}{x}$.

3. $\dfrac{d^n y}{dx^n} = x^m$.

4. $x\dfrac{d^2 y}{dx^2} + \dfrac{dy}{dx} = 0$.

5. $y\dfrac{d^2 y}{dx^2} + \left(\dfrac{dy}{dx}\right)^2 = 0$.

6. $(x+1)y'' - (x+2)y' + x + 2 = 0$.

7. $(y''')^2 = 4y''$.

8. $y\dfrac{d^2 y}{dx^2} = \left(\dfrac{dy}{dx}\right)^2 + \dfrac{dy}{dx}\sqrt{y^2 + \left(\dfrac{dy}{dx}\right)^2}$.

9. $y''(y-1) = 2(y')^2$.

5 EQUAÇÃO LINEAR DE ORDEM n

5.1 Introdução

Uma equação de ordem n diz-se *linear* se é linear na variável dependente e suas derivadas em ordem à variável independente. Formalmente, a equação pode escrever-se

$$p_0(x)\frac{d^n y}{dx^n} + p_1(x)\frac{d^{n-1} y}{dx^{n-1}} + \ldots + p_{n-1}(x)\frac{dy}{dx} + p_n(x)y = q(x), \qquad (3.5)$$

em que p_i, $i = 0,\ldots,n$, $p_0 \neq 0$ e q designam funções de x, contínuas num dado intervalo $I \in \Re$. Se $q(x) \equiv 0$, a equação diz-se *homogénea*; de contrário, diz-se *não-homogénea* ou *completa*. Na expressão (3.5) distingue-se ainda a *equação de coeficientes variáveis* da *equação de coeficientes constantes*, consoante os coeficientes $p_i(x)$ são, respectivamente, funções de x ou constantes. Como é óbvio, algumas equações de ordem superior descritas nos números anteriores podem ser também lineares. Por exemplo, a equação descrita em III.2 é linear de coeficientes constantes, em que $p_0(x) = 1$, $p_i(x) = 0$, $i = 0,\ldots,n$.

Apresentam-se, de seguida, alguns importantes enunciados de carácter geral, respeitantes a equações diferenciais lineares. Considere-se em primeiro lugar um importante teorema, válido para todas as equações lineares, por vezes designado *princípio de sobreposição*. Este envolve as duas equações lineares,

$$p_0(x)\frac{d^n y}{dx^n} + p_1(x)\frac{d^{n-1} y}{dx^{n-1}} + \ldots + p_{n-1}(x)\frac{dy}{dx} + p_n(x)y = q_1(x), \qquad (3.6)$$

$$p_0(x)\frac{d^n y}{dx^n} + p_1(x)\frac{d^{n-1} y}{dx^{n-1}} + \ldots + p_{n-1}(x)\frac{dy}{dx} + p_n(x)y = q_2(x), \qquad (3.7)$$

diferentes apenas devido às funções do lado direito, e uma terceira equação,

$$p_0(x)\frac{d^n y}{dx^n} + p_1(x)\frac{d^{n-1} y}{dx^{n-1}} + \ldots + p_{n-1}(x)\frac{dy}{dx} + p_n(x)y = q_1(x) + q_2(x),$$

$$(3.8)$$

cujo membro direito resulta, como indicado, da soma dos dois membros direitos das duas primeiras equações. Convém encarar as três equações como semelhantes, no

Equações de Ordem Superior 83

sentido em que têm a mesma estrutura diferencial, e referir as respectivas soluções como "devidas" à forma particular do membro direito. Pode pois enunciar-se o

Teorema 3.2

A soma das soluções de uma equação diferencial linear devidas às duas funções $q_1(x)$ *e* $q_2(x)$ *é solução da equação devida à função* $q_1(x)+q_2(x)$.

Denote-se as soluções de (3.6) e (3.7) por, respectivamente, $\varphi(x)$ e $\psi(x)$; o teorema afirma que a solução devida a $q_1(x)+q_2(x)$ é $\varphi(x)+\psi(x)$. Para o demonstrar, basta verificar que $\varphi(x)+\psi(x)$ satisfaz (3.8). Tal é evidentemente o caso, porque a equação é linear e a derivada (de qualquer ordem) da soma de funções é igual à soma das derivadas.

Entretanto, dada a expressão genérica da solução geral de uma equação de ordem n (cfr. (1.4)), se, por exemplo, $\varphi(x)$ constitui a solução geral de (3.6) e $\psi(x)$ uma solução particular de (3.7), então $\varphi(x)+\psi(x)$ tem que ser a solução geral de (3.8). Isto, porque, neste caso, $\varphi(x)$ contém n constantes arbitrárias e, portanto, $\varphi(x)+\psi(x)$ também, e a solução geral de (3.8) não pode conter mais de n constantes arbitrárias independentes.

Considerando agora um caso particular, suponha-se $q_2(x)=0$, isto é, que (3.7) é a equação homogénea correspondente a (3.6) – e que as equações (3.6) e (3.8) são idênticas. O teorema anterior admite então o seguinte corolário:

Corolário 3.1

A solução geral de uma equação diferencial linear resulta da soma de uma sua solução particular com a solução geral da equação homogénea.

Adopte-se a seguinte notação: y_{GH} – integral geral da equação homogénea; y_{PC} – integral particular da equação completa; y_{GC} – integral geral da equação completa. De acordo com o corolário anterior, $y_{GC}=y_{GH}+y_{PC}$, o que permite basear a resolução da equação linear em dois passos: integração da correspondente equação homogénea, e obtenção de um integral particular da equação completa.

Considere-se agora a equação homogénea correspondente a (3.5),

$$p_0(x)\frac{d^n y}{dx^n} + p_1(x)\frac{d^{n-1} y}{dx^{n-1}} + \ldots + p_{n-1}(x)\frac{dy}{dx} + p_n(x)y = 0.$$

Enuncie-se, sem demonstrar, o seguinte teorema, relativo a este tipo de equação:

Teorema 3.3

O integral geral da equação diferencial linear homogénea assume a forma

$$y_{GH} = C_1 y_1(x) + C_2 y_2(x) + \ldots + C_n y_n(x), \tag{3.9}$$

em que C_i, $i = 1,\ldots,n$, *denotam constantes arbitrárias, e* y_i, $i = 1,\ldots,n$, *soluções particulares da equação tais, que, em qualquer ponto do intervalo* I, *se tem*

$$w = \begin{vmatrix} y_1 & y_2 & \cdots & y_n \\ y_1' & y_2' & \cdots & y_n' \\ \cdots & \cdots & \cdots & \cdots \\ y_1^{(n-1)} & y_2^{(n-1)} & \cdots & y_n^{(n-1)} \end{vmatrix} \neq 0.$$

Nas condições do teorema, diz-se que o conjunto de funções, $\{y_1,\ldots,y_n\}$, constitui um *sistema fundamental de soluções* da equação.[11]

5.2 Equação linear de coeficientes constantes

No grupo das equações lineares, revestem particular interesse as equações de coeficientes constantes. Como referido, trata-se de equações cujos coeficientes da variável dependente e derivadas são constantes; formalmente,

$$a_0\frac{d^n y}{dx^n} + a_1\frac{d^{n-1} y}{dx^{n-1}} + \ldots + a_{n-1}\frac{dy}{dx} + a_n y = q(x), \tag{3.10}$$

denotando a_i, $i = 0,\ldots,n$, $a_0 \neq 0$, tais coeficientes.

---

[11] Para uma demonstração do teorema, veja-se, por exemplo, Agudo (1992, c.1.5). O presente determinante designa-se *wronskiano* das n funções, y_1, ..., y_n. Quando, num dado intervalo, se tem $w \neq 0$, diz-se que tais funções são *linearmente independentes*.

Equações de Ordem Superior 85

5.2.1 Equação homogénea de coeficientes constantes

5.2.1.1 Método de resolução

Se em (3.10) se tem $q(x) \equiv 0$, resulta a equação homogénea de coeficientes constantes, que, após divisão de ambos os membros por a_0, se pode escrever na forma

$$\frac{d^n y}{dx^n} + b_1 \frac{d^{n-1} y}{dx^{n-1}} + \ldots + b_{n-1} \frac{dy}{dx} + b_n y = 0, \qquad (3.11)$$

em que, obviamente, $b_i = a_i / a_0$, $i = 1, \ldots, n$. Defina-se, em vista do que segue, *equação característica* como a equação algébrica de grau n, cujo coeficiente da i-ésima potência coincide com o coeficiente da derivada de ordem i, $i = 1, \ldots, n$, de (3.11). Formalmente,

$$r^n + b_1 r^{n-1} + \ldots + b_{n-1} r + b_n = 0,$$

cujo membro esquerdo se designa *polinómio característico*.[12]

Por comodidade, adopte-se a notação

$$\frac{d^k y}{dx^k} = D^k y, \; k \in \aleph_0, \; D^0 y = y.$$

A equação (3.11) pode, deste modo, escrever-se

$$D^n y + b_1 D^{n-1} y + \ldots + b_{n-1} Dy + b_n y = 0$$

ou, sob a forma de *produto simbólico*,

$$\left(D^n + b_1 D^{n-1} + \ldots + b_{n-1} D + b_n \right) y = P(D) y = 0,$$

cujo membro esquerdo representa, não o produto entre y e a expressão dentro de parêntesis — designada *polinómio simbólico* em D — mas o mesmo conjunto de operações de derivação de y e multiplicação por constantes, expresso até aqui.

O operador D segue regras operatórias análogas às habituais leis algébricas de adição/multiplicação. No caso da adição, a afirmação é trivial: $(\alpha D + \beta D) y = (\alpha + \beta) Dy$ para quaisquer constantes α e β, o que atesta a identidade entre os operadores $\alpha D + \beta D$

---

[12] O leitor interessado apenas na fórmula da solução geral y_{GH} pode, sem prejuízo, prescindir da exposição das próximas páginas, passando de imediato para o quadro-resumo da página 90.

e $(\alpha + \beta)D$. Semelhante propriedade se pode verificar a respeito das derivadas de ordem superior. Relativamente à operação de multiplicação, seja a função u definida na forma $u = (\alpha D + \beta)y$. Derivando em ordem a x, vem

$$(\gamma D + \delta)u = (\gamma D + \delta)[(\alpha D + \beta)y] = \gamma D[(\alpha D + \beta)y] + \delta[(\alpha D + \beta)y] =$$
$$\gamma \alpha D^2 y + (\gamma \beta + \delta \alpha)Dy + \delta \beta y = [\gamma \alpha D^2 + (\gamma \beta + \delta \alpha)D + \delta \beta]y$$

resultado que confirma a identidade operacional

$$(\gamma D + \delta)(\alpha D + \beta) \equiv \gamma \alpha D^2 + (\gamma \beta + \delta \alpha)D + \delta \beta. \qquad (3.12)$$

A identidade significa que, tratando algebricamente os "factores" operacionais, a sua aplicação a qualquer função, y, produz o resultado correcto. Em (3.12) refere-se apenas o produto de *dois* factores *lineares*; em todo o caso, é trivial a extensão ao produto de dois polinómios. Em particular, multiplicando n factores lineares, obtém-se um operador polinomial de grau n. Reciprocamente, um operador de grau n pode factorizar--se em n operadores lineares.

Em face do exposto, o polinómio simbólico pode, em analogia com o polinómio característico, factorizar-se (simbolicamente) de acordo com

$$P(D) = (D - r_1)(D - r_2)...(D - r_n),$$

designando, r_i, $i = 1,...,n$, as n raízes do polinómio característico, distintas ou não, reais ou complexas. Por outras palavras, aplicando a y o operador $P(D)$, obtém-se uma expressão idêntica àquela que resulta da aplicação sucessiva dos operadores $(D - r_1)$, $(D - r_2)$, ..., $(D - r_n)$. Exemplificando com o operador $P(D) = D^2 - 3D + 2$, vem

$$P(D)y = D^2 y - 3Dy + 2y.$$

Mas

$$D^2 - 3D + 2 = (D - 1)(D - 2) = (D - 2)(D - 1),$$

donde se obtém, aplicando sucessivamente cada um dos factores,

$$(D - 1)(D - 2)y = (D - 1)(Dy - 2y) =$$
$$D(Dy - 2y) - (Dy - 2y) = D^2 y - 3Dy + 2y$$

ou, por ordem inversa,

$$(D - 2)(D - 1)y = (D - 2)(Dy - y) =$$

$$D(Dy - y) - 2(Dy - y) = D^2 y - 3Dy + 2y.$$

Considere-se de início, por comodidade de exposição, o caso simples da equação linear de primeira ordem, homogénea, de coeficientes constantes. Esta pode escrever-se

$$Dy - r_1 y = 0 \Leftrightarrow (D - r_1)y = 0.$$

De acordo com (2.15) (cfr. II.6.1), o seu integral geral vem

$$y = e^{r_1 x}\left[\int e^{-r_1 x} 0 dx + C\right] = Ce^{r_1 x}. \tag{3.13}$$

Pode dizer-se que esta expressão resulta da operação inversa da que corresponde ao produto simbólico representativo da equação. Donde, a convenção de denotar (3.13) mediante o *quociente simbólico*

$$Ce^{r_1 x} = \frac{1}{D - r_1}(0).^{(13)} \tag{3.14}$$

Não se trata aqui de um quociente algébrico mas de uma *notação* representativa do conjunto de operações, cujo resultado vem dado por (3.13).

Dadas as referidas propriedades do operador D, o processo pode utilizar-se de modo iterativo em equações lineares de qualquer ordem, de coeficientes constantes. Com efeito, tomando a equação na forma

$$(D - r_1)(D - r_2)\ldots(D - r_n)y = 0,$$

vem, por aplicação sucessiva do método,

$$y = \frac{1}{D - r_1}\frac{1}{D - r_2}\ldots\frac{1}{D - r_n}(0), \tag{3.15}$$

com significado decorrente de (3.14). Exemplificando com a equação

$$(D^2 - 3D + 2)y = (D - 1)(D - 2)y = 0, \tag{3.16}$$

---

[13]   Note-se o caso particular que corresponde a $b_1 = 0$: a equação completa é da forma $Dy = g(x)$, de integração imediata:

$$y = \int g(x)dx + C = \frac{1}{D}g(x).$$

O operador $1/D$ corresponde, assim, à simples operação de integração.

o seu integral geral pode escrever-se, sucessivamente,

$$y = \frac{1}{D-1}\frac{1}{D-2}(0) = \frac{1}{D-1}\left(C_1 e^{2x}\right) =$$

$$e^x\left(\int e^{-x}C_1 e^{2x}\,dx + C_2\right) = C_1 e^{2x} + C_2 e^x. \tag{3.17}$$

Em geral, se a equação característica admite n raízes *diferentes*, r_1, r_2, ..., r_n, a aplicação iterada do procedimento descrito conduz à solução geral

$$y_{GH} = C_1 e^{r_1 x} + C_2 e^{r_2 x} + \ldots + C_n e^{r_n x}, \tag{3.18}$$

em que C_i, $i = 1, \ldots, n$ designam n constantes arbitrárias independentes. Se há raízes complexas simples, estas surgem em pares de raízes conjugadas, porque os coeficientes da equação característica são reais. Sejam as raízes $a \pm bi$, $b \neq 0$; para além da acrescida complexidade de cálculo, a situação não acarreta formalmente qualquer inovação; trata-se apenas de aplicar sucessivamente os operadores $1/(D-a-bi)$ e $1/(D-a+bi)$, de acordo com (3.14), substituindo em cada ocasião r_1 pela respectiva raiz complexa. Tornam-se aqui úteis as conhecidas identidades de Euler, envolvendo as funções exponencial e trigonométricas,

$$e^{\pm ibx} = \cos(bx) \pm i\sin(bx).$$

A solução correspondente ao par de raízes $a + bi$ e $a - bi$, $b \neq 0$, vem

$$y = c_1 e^{(a+bi)x} + c_2 e^{(a-bi)x} = e^{ax}\left(c_1 e^{ibx} + c_2 e^{-ibx}\right) =$$

$$e^{ax}\{c_1[\cos(bx) + i\sin(bx)] + c_2[\cos(bx) - i\sin(bx)]\} =$$

$$e^{ax}[(c_1 + c_2)\cos(bx) + i(c_1 - c_2)\sin(bx)] =$$

$$e^{ax}[C_1 \cos(bx) + C_2 \sin(bx)]. \tag{3.19}$$

Note-se, entretanto, que, dadas as propriedades do operador D, se pode obter o integral da equação, por transformação de $1/(D-r_1) \times \ldots \times 1/(D-r_n)$ na soma simbólica das 'fracções' elementares, $A_1/(D-r_1) + \ldots + A_n/(D-r_n)$, ($A_i$, $i = 1, \ldots, n$: constantes determinadas). O integral geral (3.15) pode pois escrever-se na forma equivalente

$$y = \left(\frac{A_1}{D-r_1} + \frac{A_2}{D-r_2} + \ldots + \frac{A_n}{D-r_n}\right)(0) =$$

$$\frac{A_1}{D-r_1}(0) + \frac{A_2}{D-r_2}(0) + \ldots + \frac{A_n}{D-r_n}(0), \tag{3.20}$$

Equações de Ordem Superior   89

de que resulta, por aplicação do resultado (3.14) a cada parcela, a solução geral (3.18).

Exemplificando, de novo com a equação (3.16), vem

$$y = \frac{1}{D-1}\frac{1}{D-2}(0) = \left(\frac{1}{D-2} - \frac{1}{D-1}\right)(0) =$$

$$\frac{1}{D-2}(0) - \frac{1}{D-1}(0) = C_1 e^{2x} + C_2 e^x.$$

expressão já obtida em (3.17).

As formulações anteriores são válidas quando o polinómio característico admite n raízes *simples* (reais ou complexas). Se o polinómio característico admite raízes *múltiplas*, a cada raiz s de multiplicidade $m \leq n$ correspondem os integrais particulares

$$e^{sx}, xe^{sx}, x^2 e^{sx}, \ldots, x^{m-1} e^{sx}. \tag{3.21}$$

Obtém-se (3.21), aplicando m vezes sucessivas, o operador $1/(D-s)$:[14]

$$y = \left(\frac{1}{D-s}\right)^m (0) = \left(\frac{1}{D-s}\right)^{m-1} \frac{1}{D-s}(0) = \left(\frac{1}{D-s}\right)^{m-1}(C_1 e^{sx}) =$$

$$\left(\frac{1}{D-s}\right)^{m-2} \frac{1}{D-s}(C_1 e^{sx}) = \left(\frac{1}{D-s}\right)^{m-2} e^{sx}\left(\int e^{-sx} C_1 e^{sx} dx + C_2\right) =$$

$$\left(\frac{1}{D-s}\right)^{m-2} \left[e^{sx}(C_1 x + C_2)\right] = \left(\frac{1}{D-s}\right)^{m-3} \frac{1}{D-s}\left[e^{sx}(C_1 x + C_2)\right] =$$

$$\left(\frac{1}{D-s}\right)^{m-3} e^{sx}\left[\int e^{-sx} e^{sx}(C_1 x + C_2) dx + C_3\right] =$$

$$\left(\frac{1}{D-s}\right)^{m-4} \frac{1}{D-s}\left[e^{sx}(C_1 x^2 + C_2 x + C_3)\right] = \ldots =$$

$$e^{sx}(C_1 x^{m-1} + C_2 x^{m-2} + \ldots + C_{m-1} x + C_m),$$

com C_i, $i = 1, \ldots, m$, constantes arbitrárias independentes. As m funções $x^i e^{sx}$, $i = 0, 1, \ldots, m-1$, são linearmente independentes, porque o wronskiano é não nulo:

$$w = \begin{vmatrix} e^{sx} & xe^{sx} & \cdots & x^{m-1} e^{sx} \\ (e^{sx})' & (xe^{sx})' & \cdots & (x^{m-1} e^{sx})' \\ \cdots & \cdots & \cdots & \cdots \\ (e^{sx})^{(m-1)} & (xe^{sx})^{(m-1)} & \cdots & (x^{m-1} e^{sx})^{(m-1)} \end{vmatrix} \neq 0.$$

---

[14] Pode obter-se uma demonstração rigorosa por indução matemática, por exemplo.

A partir da fórmula de recorrência, $\left(x^p e^{sx}\right)^{(q)} = q\left(x^{p-1}e^{sx}\right)^{(q-1)} + x\left(x^{p-1}e^{sx}\right)^{(q)}$, mediante operações elementares sobre linhas ou colunas de w, obtém-se

$$w = e^{msx}\prod_{j=1}^{m}(j-1)!,$$

que, como se pretende, é claramente diferente de zero.

Quando há pares de raízes complexas conjugadas múltiplas, do tipo $a \pm bi$, $b \neq 0$, a introdução das identidades de Euler em (3.21) conduz às soluções particulares

$$e^{ax}\cos(bx), xe^{ax}\cos(bx), x^2e^{ax}\cos(bx),\ldots,x^{m-1}e^{ax}\cos(bx),$$

$$e^{ax}\sin(bx), xe^{ax}\sin(bx), x^2e^{ax}\sin(bx),\ldots,x^{m-1}e^{ax}\sin(bx),$$

de cuja combinação linear resulta a respectiva componente da solução geral, y_{GH}.

Estes resultados podem agora resumir-se na seguinte regra para integrar equações lineares homogéneas de coeficientes constantes:

---

i. Escrever a equação característica $r^n + b_1 r^{n-1} + \ldots + b_{n-1}r^{n-1} + b_n = 0$.

ii. Resolver a equação característica.

iii. A partir das suas raízes, escrever, como segue, as correspondentes soluções particulares da equação diferencial:

Equação característica	Equação diferencial

a) Cada raiz real simples, r_1 origina uma solução particular do tipo $e^{r_1 x}$.

b) Cada par distinto de raízes complexas, $a \pm bi$ origina duas soluções particulares do tipo $e^{ax}\cos(bx)$, $e^{ax}\sin(bx)$.

c) Cada raiz de multiplicidade m origina m soluções particulares, obtidas por multiplicação das soluções particulares ***a)*** ou ***b)*** por $1, x, x^2, \ldots, x^{m-1}$.

iv. Multiplicar cada uma das n soluções particulares, referidas em ***iii.***, por uma constante arbitrária e adicionar os resultados. Obtém-se a solução completa da equação homogénea.

5.2.1.2 Exercícios resolvidos

1. $\dfrac{d^2 y}{dx^2} - 3\dfrac{dy}{dx} + 2y = 0$.

Resolução: Raízes da equação característica:

$r^2 - 3r + 2 = 0 \Leftrightarrow r = 1 \vee r = 2$.

Integrais particulares da equação:

$y_1 = e^x, y_2 = e^{2x}$.

Integral geral: $y = C_1 e^x + C_2 e^{2x}$. *Resposta.*

2. $\dfrac{d^5 y}{dx^5} + 3\dfrac{d^4 y}{dx^4} - 4\dfrac{d^2 y}{dx^2} = 0$.

Res.: Raízes da equação característica:

$r^5 + 3r^4 - 4r^2 = 0 \Leftrightarrow r^2 (r+2)^2 (r-1) = 0 \Leftrightarrow r = 0 \,(\text{dupla}) \vee r = -2 \,(\text{dupla}) \vee r = 1$.

Integrais particulares da equação:

$y_1 = e^{0x} = 1, y_2 = xe^{0x} = x$,

$y_3 = e^{-2x}, y_4 = xe^{-2x}$,

$y_5 = e^x$

Integral geral: $y = C_1 + C_2 x + \left(C_3 + C_4 x\right)e^{-2x} + C_5 e^x$. *Resp..*

3. $2y'' + 4y' + 10 = 0$.

Res.: Raízes da equação característica:

$2r^2 + 4r + 10 = 0 \Leftrightarrow r^2 + 2r + 5 = 0 \Leftrightarrow r = -1 + 2i \vee r = -1 - 2i$.

Integrais particulares:

$y_1 = e^{-x} \cos 2x, y_2 = e^{-x} \sin 2x$.

Integral geral: $y = e^{-x}\left(C_1 \cos 2x + C_2 \sin 2x\right)$. *Resp..*

4. $\dfrac{d^4y}{dx^4} + 2\dfrac{d^2y}{dx^2} + y = 0$.

Res.: Raízes da equação característica:

$r^4 + 2r^2 + 1 = 0 \Leftrightarrow \left(r^2 + 1\right)^2 = 0 \Leftrightarrow r = i \vee r = -i$ (raízes duplas).

Integrais particulares:

$y_1 = e^{0x}\cos x = \cos x, y_2 = xe^{0x}\cos x = x\cos x$,

$y_3 = e^{0x}\sin x = \sin x, y_4 = xe^{0x}\sin x = x\sin x$.

Integral geral: $y = \left(C_1 + C_2 x\right)\cos x + \left(C_3 + C_4 x\right)\sin x$.   *Resp..*

5. O polinómio característico correspondente a uma equação linear homogénea de coeficientes constantes admite as raízes 0 (tripla) e $\pm i$.

a) Escrever a equação diferencial.

b) Escrever o seu integral geral.

c) Determinar o integral particular, que verifica as condições $y'''(\pi/2) = 2$, $y(0) = y'(0) = y''(0) = y'''(\pi) = 1$.

Res.:

a) Do conhecimento das suas raízes, pode escrever-se a equação característica

$r^3\left(r - i\right)\left(r + i\right) = r^5 + r^3 = 0$.

A equação diferencial correspondente vem

$\dfrac{d^5y}{dx^5} + \dfrac{d^3y}{dx^3} = 0$.   *Resp..*

b) A equação admite o sistema fundamental de soluções

$y_1 = 1, y_2 = x, y_3 = x^2$ (devidos à raiz tripla, 0);

$y_4 = \cos x, y_5 = \sin x$ (devidos às raízes $\pm i$).

Solução geral: $y = C_1 + C_2 x + C_3 x^2 + C_4\cos x + C_5\sin x$.   *Resp..*

c) As condições auxiliares conduzem, respectivamente, a

$y(0) = 1 \Leftrightarrow C_1 + C_2 0 + C_3 0 + C_4\cos 0 + C_5\sin 0 = C_1 + C_4 = 1$.

$y' = C_2 + 2C_3 x - C_4\sin x + C_5\cos x \Rightarrow$

$$y'(0) = C_2 + 2C_3 0 - C_4 \sin 0 + C_5 \cos 0 = C_2 + C_5 = 1.$$

$$y'' = 2C_3 - C_4 \cos x - C_5 \sin x \Rightarrow$$

$$y''(0) = 2C_3 - C_4 \cos 0 - C_5 \sin 0 = 2C_3 - C_4 = 1.$$

$$y''' = C_4 \sin x - C_5 \cos x \Rightarrow$$

$$[y'''(\pi) = C_4 \sin \pi - C_5 \cos \pi = C_5 = 1 \wedge$$

$$y'''(\pi/2) = C_4 \sin(\pi/2) - C_5 \cos(\pi/2) = C_4 = 2]$$

Resulta, deste modo, o sistema

$$\begin{cases} C_1 + C_4 = 1 \\ C_2 + C_5 = 1 \\ 2C_3 - C_4 = 1 \\ C_5 = 1 \\ C_4 = 2 \end{cases} \Leftrightarrow \begin{cases} C_1 = -1 \\ C_2 = 0 \\ C_3 = 3/2 \\ C_4 = 2 \\ C_5 = 1. \end{cases}$$

Integral particular: $y = -1 + \dfrac{3}{2}x^2 + 2\cos x + \sin x$.   *Resp..*

Exercícios propostos

1. $\dfrac{d^2 y}{dx^2} = 9y$.

2. $\dfrac{d^2 y}{dx^2} + y = 0$.

3. $y'' + 12y = 7y'$.

4. $\dfrac{d^2 y}{dx^2} - 4\dfrac{dy}{dx} + 4y = 0$.

5. $\dfrac{d^3 y}{dx^3} - 4\dfrac{dy}{dx} = 0$.

6. $\dfrac{d^4 y}{dx^4} + 2\dfrac{d^2 y}{dx^2} - 8y = 0$.

7. $\dfrac{d^3 y}{dx^3} - \dfrac{d^2 y}{dx^2} - 6\dfrac{dy}{dx} = 0$.

8. $\dfrac{d^4 y}{dx^4} - 12\dfrac{d^2 y}{dx^2} + 27 y = 0$.

9. $\dfrac{d^2 y}{dx^2} - 6\dfrac{dy}{dx} + 13 y = 0$.

10. $\dfrac{d^4 y}{dx^4} + 2n^2 \dfrac{d^2 y}{dx^2} + n^4 y = 0$.

11. $y''' = y$.

12. $\dfrac{d^3 y}{dx^3} - 7\dfrac{dy}{dx} + 6 y = 0$.

13. $\dfrac{d^4 y}{dx^4} - 3\dfrac{d^3 y}{dx^3} + 3\dfrac{d^2 y}{dx^2} - \dfrac{dy}{dx} = 0$.

14. $\dfrac{d^2 y}{dx^2} + 3\dfrac{dy}{dx} - 10 y = 0$.

15. $y'' + 2y' + 10 y = 0$.

16. $2\dfrac{d^3 y}{dx^3} - 3\dfrac{d^2 y}{dx^2} + 2\dfrac{dy}{dx} + 2 y = 0$.

17. $y^{(n+2)} + y^{(n)} = 0$.

18. Nas alíneas seguintes determine o integral particular da equação indicada, que verifica as condições iniciais referidas.

a) $\dfrac{d^2 y}{dx^2} - 3\dfrac{dy}{dx} + 2 y = 0, \, y(0) = 0, \dfrac{dy}{dx}(0) = 2$.

b) $y'' - 2y' = 0, \, y(0) = 0, \, y(\log 2) = 3$.

5.2.2 Equação não homogénea de coeficientes constantes

5.2.2.1 Métodos de resolução

Seja a equação linear completa de coeficientes constantes, expressa na forma geral

$$\frac{d^n y}{dx^n} + b_1 \frac{d^{n-1} y}{dx^{n-1}} + \ldots + b_{n-1} \frac{dy}{dx} + b_n y = g(x), \qquad (3.22)$$

obtida a partir de (3.10), em que $b_i = a_i/a_0$, $i = 1,\ldots,n$, e $g(x) = q(x)/a_0$.

Expõe-se agora alguns métodos operacionais de integração desta equação. Os métodos *ii.* e *iii.* conduzem a soluções explícitas da equação completa, que confirmam, por vias diversas, a validade do corolário 3.1, segundo o qual, $y_{GC} = y_{GH} + y_{PC}$.

i. Método de D'Alembert

Refira-se, antes de mais, o seguinte método, devido a D'Alembert, permitindo reduzir a ordem da equação. Se $y_1(x)$ designa um integral particular conhecido da equação homogénea, a mudança de variável $y = y_1(x)v$, seguida da substituição $dv/dx = z$, conduz a uma equação linear de ordem $n - 1$.

Retome-se expressão da equação na forma de produto simbólico,

$$P(D)y = g(x).$$

Se $y_1(x)$ é solução da equação homogénea, $P(D)[y_1(x)] = 0$; logo, procedendo à mudança de variável referida,

$$P(D)[y_1(x)v] = vP(D)[y_1(x)] + Q(D)[y_1(x)Dv] = Q(D)[y_1(x)Dv],$$

em que $Q(D)$ designa um polinómio simbólico de grau $n - 1$. O que significa que a nova equação, linear em v, não envolve v (apenas as suas derivadas). Donde, de acordo com o exposto em III.4, a substituição $Dv = dv/dx = z$ produz uma equação linear em z, de ordem $n - 1$.

O método mostra-se útil, particularmente em equações de segunda ordem. Contudo, exige conhecimento prévio de y_1, o que constitui potencial dificuldade.

ii. Método da variação das constantes

Expõe-se aqui a aplicação do método geral da variação das constantes ao caso específico da equação linear completa, de coeficientes constantes. O método pode aplicar-se a outros tipos de equações, designadamente equações lineares de coeficientes variáveis, como descrito adiante, no número III.5.3.

O teorema 3.3, recorde-se, permite escrever a solução geral da equação homogénea como

$$y_{GH} = c_1 y_1(x) + c_2 y_2(x) + \ldots + c_n y_n(x), \qquad (3.23)$$

em que, como habitualmente, c_i, $i = 1,\ldots,n$, designam constantes arbitrárias e $\{y_1(x), y_2(x), \ldots, y_n(x)\}$, cuja expressão analítica concreta se obteve no número III.5.2.1, constitui um sistema fundamental de soluções desta equação. Generalizando a técnica descrita no número II.6 para equações lineares de primeira ordem, o método da variação das constantes consiste em, uma vez determinado o sistema fundamental de soluções da equação *homogénea*, considerar em (3.23) c_i, $i = 1,\ldots,n$, não como constantes mas funções de x tais, que (3.23) se converta em integral geral da equação *completa*, y_{GC}. Cumpre-se este objectivo mediante a determinação de n funções $c_i(x)$, que verifiquem o sistema de n equações

$$\begin{cases} c_1'y_1 + c_2'y_2 + \ \ldots \ + c_n'y_n = 0 \\ c_1'y_1' + c_2'y_2' + \ \ldots \ + c_n'y_n' = 0 \\ \ldots \\ c_1'y_1^{(n-1)} + c_2'y_2^{(n-1)} + \ \ldots \ + c_n'y_n^{(n-1)} = g(x). \end{cases} \qquad (3.24)$$

Matricialmente, este sistema pode escrever-se

$$\boldsymbol{Wc'} = [0 \ \cdots \ 0 \ g(x)]^T,$$

em que $\boldsymbol{W}$ denota a matriz do determinante wronskiano (w), e $\boldsymbol{c'}$ o vector coluna $n \times 1$ das funções derivada, $c_i'(x)$, $i = 1,\ldots,n$. Por hipótese, o sistema é possível e determinado, porque w é diferente de zero. Da sua resolução resultam as n funções derivada $c_i'(x)$, $i = 1,\ldots,n$, de que resultam, por integração, as funções $c_i(x)$, $i = 1,\ldots,n$. O integral geral da equação completa sai da substituição destas funções em (3.23).

Cada função $c_i(x)$, $i = 1, \ldots, n$, assim obtida, assume a forma geral

$$c_i(x) = z_i(x) + C_i, \quad i = 1, \ldots, n,$$

com C_i constante arbitrária. Donde, introduzindo estas expressões em (3.23), vem

$$y_{GC} = [z_1(x) + C_1]y_1(x) + \ldots + [z_n(x) + C_n]y_n(x) =$$

$$[C_1 y_1(x) + \ldots + C_n y_n(x)] + [z_1(x)y_1(x) + \ldots + z_n(x)y_n(x)] =$$

$$y_{GH} + y_{PC},$$

confirmando, como previsto, o corolário 3.1.

iii. Método de factorização dos operadores

No essencial, o presente método utiliza o procedimento utilizado na resolução da equação homogénea (cfr. III.5.2.1). Trata-se agora, tão só, de aplicar o mesmo procedimento ao membro direito da equação completa, $g(x) \neq 0$.

Como anteriormente, escreva-se a equação sob a forma de produto simbólico,

$$\left(D^n + b_1 D^{n-1} + \ldots + b_{n-1}D + b_n\right)y = P(D)y = g(x).$$

Por comodidade de exposição, considere-se primeiro o caso simples da equação linear de primeira ordem, de coeficientes constantes,

$$Dy - r_1 y = g(x) \Leftrightarrow (D - r_1)y = g(x).$$

De acordo com (2.15) (cfr. II.6.1), o seu integral geral vem agora

$$y = \frac{1}{D - r_1} g(x) = e^{r_1 x}\left[\int e^{-r_1 x} g(x)dx + C\right] =$$

$$Ce^{r_1 x} + e^{r_1 x}\int e^{-r_1 x} g(x)dx. \tag{3.25}$$

Admita-se que a equação característica admite n raízes simples, r_1, r_2, $\ldots$, r_n, caso em que o polinómio simbólico se pode escrever

$$P(D) = (D - r_1)(D - r_2)\ldots(D - r_n),$$

de que resulta a solução geral da equação completa

$$y_{GC} = \frac{1}{D - r_1} \frac{1}{D - r_2} \ldots \frac{1}{D - r_n} g(x). \tag{3.26}$$

O significado analítico desta expressão pode obter-se por aplicação iterativa do operador $1/(D - r_i)$, $i = 1, \ldots, n$. De modo equivalente e mais simples, pode também determinar-se a partir da decomposição do operador de (3.26) na soma de 'fracções' elementares, como sugerido em (3.20),

$$y_{GC} = \left(\frac{A_1}{D - r_1} + \frac{A_2}{D - r_2} + \ldots + \frac{A_n}{D - r_n} \right) g(x) =$$

$$\frac{A_1}{D - r_1} g(x) + \frac{A_2}{D - r_2} g(x) + \ldots + \frac{A_n}{D - r_n} g(x) =$$

$$\sum_{i=1}^{n} \left[C_i e^{r_i x} + A_i e^{r_i x} \int e^{-r_i x} g(x) dx \right],$$

com A_i e C_i, $i = 1, \ldots, n$, constantes, respectivamente, determinadas e arbitrárias. Note--se que esta expressão se pode decompor na soma das duas parcelas

$$y_{GH} = C_1 e^{r_1 x} + C_2 e^{r_2 x} + \ldots + C_n e^{r_n x},$$

e

$$A_1 e^{r_1 x} \int e^{-r_1 x} g(x) dx + \ldots + A_n e^{r_n x} \int e^{-r_n x} g(x) dx,$$

que constitui, naturalmente, o integral particular da equação completa, y_{PC}.

A expressão anterior é válida para raízes simples, reais ou complexas. Se ocorrem raízes complexas, os coeficientes A_i, $i = 1, \ldots, n$, podem ser complexos. Para cada par de raízes complexas do tipo $a \pm bi$, $b \neq 0$, a componente de y_{GH} vem dada por (3.19),

$$e^{ax} [C_1 \cos(bx) + C_2 \sin(bx)];$$

no cálculo da componente de y_{PC}, pode mais uma vez, se desejado, utilizar-se as identidades de Euler.

Se a equação admite raízes *múltiplas*, a cada raiz s, de multiplicidade m, correspondem, na decomposição (3.20), m fracções elementares da forma

$$\frac{A_j}{(D - s)^j}, \quad j = 1, \ldots, m, \tag{3.27}$$

com A_j, $j = 1, \ldots, m$, constantes determinadas. Por aplicação iterada do operador $1/(D - s)$, obtém-se

$$\frac{1}{(D-s)^j} g(x) = e^{sx} \left[\left(C_1 + C_2 x + \ldots + C_j x^{j-1} \right) + \int \ldots \int e^{-sx} g(x) dx^j \right],$$

envolvendo j constantes arbitrárias. Reunindo as m expressões associadas às m fracções (3.27), vem a respectiva parcela de y_{GC}, relativa à raiz s,

$$e^{sx} \left(C_1 + C_2 x + \ldots + C_m x^{m-1} \right) + \tag{3.28}$$

$$e^{sx} \left[A_1 \int e^{-sx} g(x) dx + A_2 \int\int e^{-sx} g(x) dx^2 + \ldots + A_m \int \ldots \int e^{-sx} g(x) dx^m \right]$$

Note-se que o número de constantes arbitrárias independentes (m) é igual à multiplicidade da raiz s. Como é óbvio, esta expressão generaliza (3.25), para $m > 1$. A primeira linha constitui a parcela componente da solução geral da equação homogénea, y_{GH}, e a segunda linha a parcela do integral particular da equação completa, y_{PC}.

Se a equação característica admite raízes complexas múltiplas, para cada par de raízes conjugadas, $a \pm bi$, $b \neq 0$, de multiplicidade m, a componente de y_{GH} (mais uma vez recorrendo às identidades de Euler) pode escrever-se na forma

$$e^{ax} \cos(bx) \left(C_1 + C_2 x + \ldots + C_m x^{m-1} \right) +$$

$$e^{ax} \sin(bx) \left(D_1 + D_2 x + \ldots + D_m x^{m-1} \right),$$

com C_i e D_i, $i = 1, \ldots, m$, constantes arbitrárias independentes (num total de $2m$). No cálculo da componente de y_{PC} pode, como habitualmente, utilizar-se as identidades de Euler na segunda linha de (3.28).

Caso particular: $g(x) = e^{ax} \left[R(x)\cos(bx) + S(x)\sin(bx) \right]$.

Admita-se o caso em que o lado direito da equação (3.22) se pode escrever como

$$g(x) = e^{ax} [R(x)\cos(bx) + S(x)\sin(bx)] \tag{3.29}$$

ou como soma de duas ou mais expressões deste tipo. Os termos $R(x)$ e $S(x)$ designam polinómios de qualquer grau, em x, com a e b constantes dadas. Note-se como a expressão (3.29) engloba um grande número de casos usuais de interesse: funções polinomial ($a = b = 0$), exponencial ($b = 0$), trigonométricas ($a = 0$, $R(x)$ e $S(x)$ de grau zero) ou o seu produto — consoante os valores de a e b, e os graus de $R(x)$ e $S(x)$.

Quer se utilize o método da variação das constantes, quer se recorra ao método de factorização dos operadores, mostra-se (mediante cálculos fastidiosos, que se omitem) que, neste caso, o integral particular da equação completa, y_{PC}, assume a forma geral

$$y_{PC} = x^m e^{ax}[U(x)\cos(bx) + V(x)\sin(bx)]$$

(ou soma de expressões deste tipo, se $g(x)$ é soma de várias funções da forma (3.29)), em que $U(x)$ e $V(x)$ designam polinómios em x, de grau igual ao maior dos graus de $R(x)$ e $S(x)$, e m denota o grau de multiplicidade das raízes $a \pm bi$ na equação característica. Como é óbvio, se $a \pm bi$ não se contam entre as raízes da equação, vem $m = 0$. Note-se, entretanto, que $a \pm bi$ podem ser reais: basta que $b = 0$ — caso em que $\cos(bx) = 1$, $\sin(bx) = 0$, com consequências óbvias para a forma de y_{PC}.

Dos polinómios $U(x)$ e $V(x)$ apenas se conhece, à partida, o grau, não os seus coeficientes: para os calcular, substitui-se y_{PC} e suas derivadas na equação dada, aplicando-se, de seguida, o método dos coeficientes indeterminados.

O seguinte quadro resume os diferentes casos particulares elementares de (3.29) e respectivas expressões de y_{PC} :

$g(x)$	y_{PC}
$g(x) = R(x) \Leftrightarrow a = b = 0$:	$x^m U(x)$, grau de $U(x)$ igual ao grau de $R(x)$; m: grau de multiplicidade de 0.
$g(x) = k e^{ax} \Leftrightarrow$, $b = 0$, $R(x) = k$: grau zero:	$x^m e^{ax}$; m: gr. mult. a.
$g(x) = k\cos(bx) \vee g(x) = k\sin(bx) \Leftrightarrow$ $a = 0$, $R(x)$, $S(x)$: grau zero:	$x^m[A\cos(bx) + B\sin(bx)]$, m: gr. mult. $\pm bi$.
$a, b, R(x), S(x), k$: conhecidos.	$U(x), A, B$: a determinar (método dos coeficientes indeterminados).

O quadro não é exaustivo, porque não inclui os casos em que $g(x)$ consiste no produto de duas ou mais das funções referidas (exponencial, polinomial e/ou trigonométricas). Para cada situação, indica-se também o significado de m – se $a \pm bi$ não é raiz da equação característica, $m = 0$, logo y_{PC} não inclui o termo x^m.

Note-se que, se $g(x)$ não se enquadra formalmente em (3.29), torna-se necessário utilizar, directamente, um dos métodos expostos, da variação das constantes ou factorização dos operadores, ou outro.

5.2.2.2 Exercícios resolvidos

Método da variação das constantes

1. $\dfrac{d^2 y}{dx^2} + y = \cos^2 x$.

   Res.: (Note-se que o exercício pode resolver-se pelo método anterior, já que $\cos^2 x = 1/2 + \cos(2x)/2$.)

   Integral geral da equação homogénea:

   Raízes da equação característica: $r^2 + 1 = 0 \Leftrightarrow r = \pm i$.

   Integral geral: $y_{GH} = c_1 \cos x + c_2 \sin x$.

   Considere-se $c_i = c_i(x)$, $i = 1,2$, satisfazendo as condições (3.7) (note-se que se tem $y_1 = \cos x$, $y_2 = \sin x$). Resulta o sistema

   $$\begin{cases} c_1' \cos x + c_2' \sin x = 0 \\ -c_1' \sin x + c_2' \cos x = \cos^2 x. \end{cases}$$

   Este é possível e determinado, porque $y_1 = \cos x$, $y_2 = \sin x$ constituem um sistema fundamental de soluções da equação homogénea. Resolvendo pelo método de Cramer, vem, respectivamente,

   $$c_1' = \dfrac{\begin{vmatrix} 0 & \sin x \\ \cos^2 x & \cos x \end{vmatrix}}{\begin{vmatrix} \cos x & \sin x \\ -\sin x & \cos x \end{vmatrix}} = \dfrac{-\sin x \cos^2 x}{\cos^2 x + \sin^2 x} = -\sin x \cos^2 x,$$

$$c'_2 = \frac{\begin{vmatrix} \cos x & 0 \\ -\sin x & \cos^2 x \end{vmatrix}}{\begin{vmatrix} \cos x & \sin x \\ -\sin x & \cos x \end{vmatrix}} = \frac{\cos^3 x}{\cos^2 x + \sin^2 x} = \cos^3 x.$$

Integrando cada uma destas funções, obtém-se

$$c_1 = \frac{\cos^3 x}{3} + C_1 \wedge c_2 = \sin x - \frac{\sin^3 x}{3} + C_2.$$

A sua introdução em y_{GH} conduz ao integral geral da equação completa

$$y = C_1 \cos x + C_2 \sin x + \sin^2 x + \frac{\cos^4 x}{3} - \frac{\sin^4 x}{3} \Leftrightarrow$$

$$y = C_1 \cos x + C_2 \sin x + \frac{1 + \sin^2 x}{3}. \quad Resp..$$

2. $\quad \dfrac{d^2 y}{dx^2} + y = \sec x.$

Res.: Integral geral da equação homogénea:

Equação característica: $r^2 + 1 = 0 \Leftrightarrow r = \pm i$;

Integral geral: $y_{GH} = c_1 \cos x + c_2 \sin x$. Considere-se $c_i = c_i(x)$, $i = 1,2$, e derive-se em ordem a x impondo as condições (3.7):

$$y' = -c_1 \sin x + c_2 \cos x + \underbrace{c'_1 \cos x + c'_2 \sin x}_{= 0} \Rightarrow$$

$$y'' = -c_1 \cos x - c_2 \sin x \underbrace{- c'_1 \sin x + c'_2 \cos x}_{= \sec x}$$

Resulta o sistema

$$\begin{cases} c'_1 \cos x + c'_2 \sin x = 0 \\ -c'_1 \sin x + c'_2 \cos x = \sec x. \end{cases}$$

Resolvendo pelo método de substituição, vem, sucessivamente,

$$\begin{cases} c'_1 = -c'_2 \tan x = 0 \\ c'_2 \tan x \sin x + c'_2 \cos x = \sec x \end{cases} \Leftrightarrow \begin{cases} - \\ c'_2 \dfrac{\sin^2 x + \cos^2 x}{\cos x} = \dfrac{1}{\cos x} \end{cases} \Leftrightarrow$$

$$\begin{cases} - \\ c'_2 = 1 \Leftrightarrow c_2 = x + C_2 \end{cases} \Leftrightarrow \begin{cases} c'_1 = -\tan x \Leftrightarrow c_1 = \log \cos x + C_1 \\ c_2 = x + C_2. \end{cases}$$

Substituindo em y_{GH}, vem o integral geral da equação completa

$$y_{GH} = \cos x(\log \cos x + C_1) + \sin x(x + C_2). \quad Resp..$$

3. $\dfrac{d^2 y}{dx^2} - 2\dfrac{dy}{dx} + y = \dfrac{e^x}{x^2}.$

Res.: Integral geral da equação homogénea:

Equação característica: $r^2 - 2r + 1 = 0 \Leftrightarrow r = 1$ (raiz dupla).

Integral geral: $y_{GH} = c_1 e^x + c_2 x e^x$.

Considere-se $c_i = c_i(x)$, $i = 1,2$, e imponha-se as condições (3.7); vem

$$y' = c_1 e^x + c_2 e^x (x+1) + \underbrace{c'_1 e^x + c'_2 x e^x}_{= 0} \Rightarrow$$

$$y'' = c_1 e^x + c_2 e^x (x+2) + \underbrace{c'_1 e^x + c'_2 e^x (x+1)}_{= e^x/x^2}.$$

Com estas condições, resulta o sistema de Cramer

$$\begin{cases} c'_1 e^x + c'_2 x e^x = 0 \\ c'_1 e^x + c'_2 e^x (x+1) = \dfrac{e^x}{x^2} \end{cases} \Leftrightarrow \begin{cases} c'_1 + c'_2 x = 0 \\ c'_1 + c'_2 (x+1) = \dfrac{1}{x^2} \end{cases}.$$

A sua solução pode escrever-se

$$c'_1 = \frac{\begin{vmatrix} 0 & x \\ 1/x^2 & x+1 \end{vmatrix}}{\begin{vmatrix} 1 & x \\ 1 & x+1 \end{vmatrix}} = -\frac{1}{x} \wedge c'_2 = \frac{\begin{vmatrix} 1 & 0 \\ 1 & 1/x^2 \end{vmatrix}}{\begin{vmatrix} 1 & x \\ 1 & x+1 \end{vmatrix}} = \frac{1}{x^2}.$$

Integrando cada função, vem $c_1 = C_1 - \log x \wedge c_2 = C_2 - 1/x$.

A sua substituição em y_{GH} conduz a

$$y = e^x (c_1 + c_2 x) = e^x (C_1 - \log x + C_2 x - 1) \Leftrightarrow$$

$$y = e^x (A + Bx - \log x), \ (A, B: \text{const. arbitrárias}). \quad Resp..$$

Método de factorização dos operadores;

$$y = \frac{1}{D - r_1} \cdots \frac{1}{D - r_n} g(x); \quad \frac{1}{D - r_i} h(x) = e^{r_i x} \left[\int e^{-r_i x} h(x) dx + C \right].$$

4. $\dfrac{d^2 y}{dx^2} - 3\dfrac{dy}{dx} + 2y = x^2$.

Res.: A equação pode escrever-se em termos do produto simbólico

$$\left(D^2 - 3D + 2\right)y = (D-1)(D-2)y = x^2.$$

A sua solução é da forma

$$y = \frac{1}{D-1}\frac{1}{D-2}\left(x^2\right) = \frac{1}{D-1}\left[\frac{1}{D-2}\left(x^2\right)\right];$$

$$\frac{1}{D-2}\left(x^2\right) = e^{2x}\left(\int e^{-2x}x^2 dx + C_1\right) = e^{2x}\left(-\frac{e^{-2x}}{2}x^2 - \frac{e^{-2x}}{2}x - \frac{e^{-2x}}{4} + C_1\right) =$$

$$C_1 e^{2x} - \frac{1}{2}\left(x^2 + x + \frac{1}{2}\right);$$

$$\frac{1}{D-1}\left[\frac{1}{D-2}\left(x^2\right)\right] = \frac{1}{D-1}\left[C_1 e^{2x} - \frac{1}{2}\left(x^2 + x + \frac{1}{2}\right)\right] =$$

$$e^x \int \left[C_1 e^x - \frac{1}{2}e^{-x}\left(x^2 + x + \frac{1}{2}\right)\right]dx + C_2 e^x =$$

$$e^x\left\{\int e^{-x}\left[C_1 e^{2x} - \frac{1}{2}\left(x^2 + x + \frac{1}{2}\right)\right]dx + C_2\right\} =$$

$$C_1 e^{2x} + C_2 e^x + \frac{e^x}{2}e^{-x}\left(x^2 + 3x + \frac{7}{2}\right).$$

Obtém-se o integral geral

$$y = C_1 e^{2x} + C_2 e^x + \frac{1}{2}\left(x^2 + 3x + \frac{7}{2}\right). \quad Resp..$$

Em alternativa, pode decompor-se $[1/(D-1)][1/(D-2)]$ na soma simbólica

$$\frac{1}{D-1}\frac{1}{D-2} = \frac{1}{D-2} - \frac{1}{D-1},$$

obtendo-se, para integral geral da equação,

$$y = \left(\frac{1}{D-2} - \frac{1}{D-1}\right)\left(x^2\right) = \frac{1}{D-2}\left(x^2\right) - \frac{1}{D-1}\left(x^2\right) =$$

$$e^{2x}\left(\int e^{-2x}x^2 dx + C_1\right) - e^x\left(\int e^{-x}x^2 dx + C_2\right) =$$

$$C_1 e^{2x} + C_2 e^x + \frac{1}{2}\left(x^2 + 3x + \frac{7}{2}\right). \quad Resp..$$

5. $\left(D^2 - 2D + 1\right)y = 1$.

Res.: A equação equivale a $\left(D^2 - 1\right)^2 y = (D-1)(D-1)y = 1$. Vem

$$y = \frac{1}{D-1}\frac{1}{D-1}1 = \frac{1}{D-1}\left[\frac{1}{D-1}(1)\right];$$

$$\frac{1}{D-1}(1) = e^x\left(\int e^{-x}dx + C_1\right) = e^x\left(C_1 - e^{-x}\right) = C_1 e^x - 1;$$

$$\frac{1}{D-1}\left(C_1 e^x - 1\right) = e^x\left[\int e^{-x}\left(C_1 e^x - 1\right)dx + C_2\right] = e^x\left[\left(C_1 x + e^{-x}\right) + C_2\right].$$

Integral geral: $y = \left(C_1 x + C_2\right)e^x + 1$. *Resp..*

6. $\dfrac{d^2 y}{dx^2} - 4\dfrac{dy}{dx} + 5y = x$.

Res.: Dadas as raízes do polinómio característico, $2 \pm i$, a equação pode escrever--se $(D-2-i)(D-2+i)y = x$, cuja solução geral é da forma

$$y = \frac{1}{D-2-i}\frac{1}{D-2+i}(x) = \frac{1}{D-2-i}\left[\frac{1}{D-2+i}(x)\right].$$

Aplique-se a fórmula habitual, agora com raízes complexas. Vem

$$\frac{1}{D-2+i}(x) = e^{(2-i)x}\left[\int e^{(-2+i)x}xdx + C_1\right] = e^{(2-i)x}\int e^{(-2+i)x}xdx + C_1 e^{(2-i)x}.$$

Calcule-se o integral

$$\int e^{(-2+i)x}xdx = \frac{1}{-2+i}e^{(-2+i)x}x - \int\frac{1}{-2+i}e^{(-2+i)x}dx =$$

$$\frac{1}{-2+i}e^{(-2+i)x}x - \left(\frac{1}{-2+i}\right)^2 e^{(-2+i)x} = -\frac{2+i}{5}e^{(-2+i)x}\left(x + \frac{2+i}{5}\right).$$

Deste modo, resulta

$$\frac{1}{D-2+i}(x) = e^{(2-i)x}\int e^{(-2+i)x}xdx + C_1 e^{(2-i)x} = -\frac{2+i}{5}\left(x + \frac{2+i}{5}\right) + C_1 e^{(2-i)x}.$$

De seguida, aplique-se o operador $1/(D-2-i)$ a esta função:

$$\frac{1}{D-2-i}\left[-\frac{2+i}{5}\left(x + \frac{2+i}{5}\right) + C_1 e^{(2-i)x}\right] =$$

$$e^{(2+i)x}\left\{\int e^{(-2-i)x}\left[\left(-\frac{2+i}{5}\right)\left(x+\frac{2+i}{5}\right)+C_1 e^{(2-i)x}\right]dx+C_2\right\}=$$

$$-\frac{2+i}{5}e^{(2+i)x}\int e^{(-2-i)x}\left(x+\frac{2+i}{5}\right)dx+C_1 e^{(2+i)x}\int e^{(-2-i)x}e^{(2-i)x}dx+C_2 e^{(2+i)x}=$$

$$-\frac{2+i}{5}e^{(2+i)x}\int e^{(-2-i)x}\left(x+\frac{2+i}{5}\right)dx+C_1 e^{(2+i)x}\int e^{-2ix}dx+C_2 e^{(2+i)x}=$$

$$-\frac{2+i}{5}e^{(2+i)x}\int e^{(-2-i)x}\left(x+\frac{2+i}{5}\right)dx+C_1 e^{(2+i)x}\frac{e^{-2ix}}{-2i}+C_2 e^{(2+i)x}=$$

$$-\frac{2+i}{5}e^{(2+i)x}\int e^{(-2-i)x}\left(x+\frac{2+i}{5}\right)dx+\frac{i}{2}C_1 e^{(2-i)x}+C_2 e^{(2+i)x}.$$

Resolva-se, em separado, o integral presente nesta expressão:

$$\int e^{(-2-i)x}\left(x+\frac{2+i}{5}\right)dx=\frac{-1}{2+i}e^{(-2-i)x}\left(x+\frac{2+i}{5}\right)-\int\frac{-1}{2+i}e^{(-2-i)x}dx=$$

$$\frac{-1}{2+i}e^{(-2-i)x}\left(x+\frac{2+i}{5}+\frac{1}{2+i}\right)=\frac{-2+i}{5}e^{(-2-i)x}\left(x+\frac{4}{5}\right).$$

Deste modo, resulta

$$\frac{1}{D-2-i}\left[-\frac{2+i}{5}\left(x+\frac{2+i}{5}\right)+C_1 e^{(2-i)x}\right]=$$

$$-\frac{2+i}{5}e^{(2+i)x}\int e^{(-2-i)x}\left(x+\frac{2+i}{5}\right)dx+\frac{i}{2}C_1 e^{(2-i)x}+C_2 e^{(2+i)x}=$$

$$-\frac{2+i}{5}\left(\frac{-2+i}{5}\right)\left(x+\frac{4}{5}\right)+\frac{i}{2}C_1 e^{(2-i)x}+C_2 e^{(2+i)x}=\frac{x}{5}+\frac{4}{25}+e^{2x}\left(Ae^{ix}+Be^{-ix}\right)$$

(A, B: const. arbitrárias).

Dadas as identidades $e^{iz}=\cos z+i\sin z$, $e^{-iz}=\cos z-i\sin z$, vem, por fim, o integral geral da equação

$$y=\frac{1}{D-2-i}\frac{1}{D-2+i}(x)=\frac{x}{5}+\frac{4}{25}+e^{2x}\left[(A+B)\cos x+i(A-B)\sin x\right]\Leftrightarrow$$

$$y=\frac{x}{5}+\frac{4}{25}+e^{2x}\left(E\cos x+F\operatorname{sen}x\right),\ (E,\ F:\ \text{const. arbitrárias}).\quad Resp..$$

Ilustre-se, também no presente caso, a resolução da equação a partir da decomposição de $\left[1/(D-2-i)\right]\left[1/(D-2+i)\right]$ em fracções elementares:

$$\frac{1}{D-2-i}\frac{1}{D-2+i} = \frac{a_1+a_2i}{D-2-i} + \frac{b_1+b_2i}{D-2+i};$$

A aplicação do método dos coeficientes indeterminados conduz a $a_1 = b_1 = 0$, $a_2 = -b_2 = -1/2$. A solução geral da equação resulta, pois, de

$$y = \frac{i}{2}\left(\frac{1}{D-2+i} - \frac{1}{D-2-i}\right)(x) = \frac{i}{2}\left[\frac{1}{D-2+i}(x) - \frac{1}{D-2-i}(x)\right].$$

Determine-se, em separado, cada uma destas parcelas:

$$\frac{1}{D-2+i}(x) = -\frac{2+i}{5}\left(x+\frac{2+i}{5}\right) + C_1e^{(2-i)x} \quad \text{(já determinado);}$$

$$\frac{1}{D-2-i}(x) = e^{(2+i)x}\int e^{(-2-i)x}x\,dx + C_2e^{(2+i)x} = \frac{-2+i}{5}\left(x+\frac{2-i}{5}\right) + C_2e^{(2+i)x}.$$

Introduzindo os dois resultados na expressão de y, obtém-se o integral geral

$$y = \frac{i}{2}\left[-\frac{2+i}{5}\left(x+\frac{2+i}{5}\right) + C_1e^{(2-i)x} - \frac{-2+i}{5}\left(x+\frac{2-i}{5}\right) + C_2e^{(2+i)x}\right] =$$

$$-\frac{2i-1}{10}\left(x+\frac{2+i}{5}\right) + \frac{2i+1}{10}\left(x+\frac{2-i}{5}\right) + Ae^{(2+i)x} + Be^{(2-i)x} =$$

$$\frac{x}{5}+\frac{4}{25} + e^{2x}\left[(A+B)\cos x + i(A-B)\sin x\right] =$$

$$\frac{x}{5}+\frac{4}{25} + e^{2x}\left(E\cos x + F\sin x\right). \quad Resp..$$

Caso particular

$$\frac{d^n y}{dx^n} + b_1\frac{d^{n-1}y}{dx^{n-1}} + \ldots + b_{n-1}\frac{dy}{dx} + b_n y = g(x),$$

$$g(x) = e^{ax}\left[R(x)\cos(bx) + S(x)\sin(bx)\right];$$

integral particular da equação completa na forma

$$y_{PC} = x^m e^{ax}\left[U(x)\cos(bx) + V(x)\sin(bx)\right].$$

7. $\dfrac{d^3y}{dx^3} + \dfrac{d^2y}{dx^2} - 2\dfrac{dy}{dx} = x^2 e^x.$

Resolução: Dado que $g(x) = x^2 e^x$, vem $a = 1, b = 0, R(x) = x^2$.

1. Integral geral da equação homogénea

Raízes da equação característica: $r^3 + r^2 - 2r = 0 \Leftrightarrow r = 0 \vee r = 1 \vee r = -2$.

Integral geral: $y_{GH} = C_1 + C_2 e^x + C_3 e^{-2x}$.

2. Integral particular da equação completa

1 é raiz simples da equação característica ($m = 1$)

$$y_{PC} = e^x\, x \left(A + Bx + Cx^2 \right).$$

polinómio do mesmo grau que $R(x)$

Determinação das constantes A, B e C: a partir da expressão de y_{PC}, vem

$$\frac{dy}{dx} = e^x \left(A + Ax + 2Bx + Bx^2 + 3Cx^2 + Cx^3 \right) \Rightarrow$$

$$\frac{d^2y}{dx^2} = e^x \left(2A + 2B + Ax + 4Bx + 6Cx + Bx^2 + 6Cx^2 + Cx^3 \right) \Rightarrow$$

Substituindo na equação e pondo e^x em evidência, resulta

$$e^x \big(3A + 6B + 6C + Ax + 6Bx + 18Cx + Bx^2 + 9Cx^2 + Cx^3 + 2A + 2B + Ax + 4Bx +$$

$$6Cx + Bx^2 + 6Cx^2 + Cx^3 - 2A - 2Ax - 4Bx - 2Bx^2 - 6Cx^2 - 2Cx^3 \big) =$$

$$e^x \left(3A + 8B + 6C + 6Bx + 24Cx + 9Cx^2 \right) = x^2 e^x \Leftrightarrow$$

$$3A + 8B + 6C + 6Bx + 24Cx + 9Cx^2 = x^2.$$

Por aplicação do método dos coeficientes indeterminados, obtém-se o sistema

$$\begin{cases} 9C = 1 \\ 6B + 24C = 0 \\ 3A + 8B + 6C = 0 \end{cases} \Leftrightarrow \begin{cases} C = 1/9 \\ B = -4/9 \\ A = -26/27. \end{cases}$$

Donde, por fim,

$$y_{PC} = e^x x \left(-\frac{26}{27} - \frac{4}{9} x + \frac{1}{9} x^2 \right) = \frac{e^x}{27} \left(3x^3 - 12x^2 - 26x \right).$$

3.   Integral geral da equação completa

$$y_{GC} = y_{GH} + y_{PC} = C_1 + C_2 e^x + C_3 e^{-2x} + \frac{e^x}{27}\left(3x^3 - 12x^2 - 26x\right) \Leftrightarrow$$

$$y = C_1 + \frac{e^x}{27}\left(3x^3 - 12x^2 - 26x + C_2\right) + C_3 e^{-2x}. \quad \textit{Resposta.}$$

8. $\dfrac{d^3 y}{dx^3} + \dfrac{d^2 y}{dx^2} = x + 1 + e^{-x} + xe^{3x}.$

Res.: A função $g(x)$ compõe-se das três parcelas seguintes:

$g_1(x) = x + 1 \rightarrow a = b = 0, R(x) = x + 1$;

$g_2(x) = e^{-x} \rightarrow a = -1, b = 0, R(x) = 1$;

$g_3(x) = xe^{3x} \rightarrow a = 3, b = 0, R(x) = x$.

1.   Integral geral da equação homogénea

Raízes da equação característica: $r^3 + r^2 = 0 \Leftrightarrow r = 0 \,(\text{dupla}) \vee r = -1$.

Integral geral: $y_{GH} = C_1 + C_2 x + C_3 e^{-x}$.

2.   Integral particular da equação completa

O integral é da forma $y_{PC} = y_{P1} + y_{P2} + y_{P3}$, em que

$$0 \text{ é raiz dupla da equação característica } (m = 2)$$
$$\uparrow$$
$$g_1(x) = x + 1 \Rightarrow y_{P1} = x^2(A + Bx)$$
$$\downarrow$$

polinómio do mesmo grau que $x + 1$

$$-1 \text{ é raiz simples da equação característica } (m = 1)$$
$$\uparrow$$
$$g_2(x) = e^{-x} \Rightarrow y_{P2} = e^{-x} xC$$
$$\downarrow$$

polinómio do mesmo grau que $1 \,(= R(x))$

$$g_3(x) = xe^{3x} \Rightarrow y_{P3} = e^{3x}(D + Ex)$$
$$\downarrow$$

polinómio do mesmo grau que x
(3 não é raiz da equação característica $(m = 0)$).

$$\downarrow$$

polinómio do mesmo grau que x
(3 não é raiz da equação característica ($m = 0$)).

O integral particular da equação completa é da forma

$$y_{PC} = y_{P1} + y_{P2} + y_{P3} = Ax^2 + Bx^3 + Cxe^{-x} + (D + Ex)e^{3x}.$$

Determinação dos coeficientes A, ..., E: a partir da expressão de y_{PC}, resulta

$$\frac{dy}{dx} = 2Ax + 3Bx^2 + (C - Cx)e^{-x} + (3D + E + 3Ex)e^{3x} \Rightarrow$$

$$\frac{d^2y}{dx^2} = 2A + 6Bx + (-2C + Cx)e^{-x} + (9D + 6E + 9Ex)e^{3x} \Rightarrow$$

$$\frac{d^3y}{dx^3} = 6B + (3C - Cx)e^{-x} + (27D + 27E + 27Ex)e^{3x}.$$

Substituindo d^2y/dx^2 e d^3y/dx^3 na equação, sai

$$6B + (3C - Cx)e^{-x}(27D + 27E + 27Ex)e^{3x} +$$

$$2A + 6Bx + (-2C + Cx)e^{-x} + (9D + 6E + 9Ex)e^{3x} = x + 1 + e^{-x} + xe^{3x}.$$

Resolvendo ordenadamente

$$y_{P1}''' + y_{P1}'' = g_1(x) \Leftrightarrow 6B + 2A + 6Bx = x + 1;$$

$$y_{P2}''' + y_{P2}'' = g_2(x) \Leftrightarrow (3C - Cx)e^{-x} + (-2C + Cx)e^{-x} = e^{-x};$$

$$y_{P3}''' + y_{P3}'' = g_3(x) \Leftrightarrow (27D + 27E + 27Ex)e^{3x} + (9D + 6E + 9Ex)e^{3x} = xe^{3x}.$$

Deste modo, resultam os sistemas

$$\begin{cases} 2A + 6B = 1 \\ 6B = 1 \end{cases} \wedge C = 1 \wedge \begin{cases} 36D + 33E = 0 \\ 36E = 1 \end{cases} \Leftrightarrow \begin{cases} A = 0 \\ B = 1/6 \end{cases} \wedge C = 1 \wedge \begin{cases} D = -11/432 \\ E = 1/36. \end{cases}$$

O integral particular da equação não homogénea fica

$$y_{PC} = Ax^2 + Bx^3 + Cxe^{-x} + (D + Ex)e^{3x} = \frac{x^3}{6} + xe^{-x} + \left(-\frac{11}{432} + \frac{x}{36}\right)e^{3x}.$$

3.   Integral geral da equação completa

$$y_{GC} = y_{GH} + y_{PC} = C_1 + C_2x + C_3e^{-x} + \frac{x^3}{6} + xe^{-x} + \left(-\frac{11}{432} + \frac{x}{36}\right)e^{3x} =$$

$$C_1 + C_2x + \frac{x^3}{6} + (C_3 + x)e^{-x} + \left(-\frac{11}{432} + \frac{x}{36}\right)e^{3x}. \quad Resp..$$

9. $\dfrac{d^3y}{dx^3} - \dfrac{d^2y}{dx^2} + \dfrac{dy}{dx} - y = \cos x + x\sin x$.

Res.: Dado que $g(x) = \cos x + x\sin x$, vem $a = 0, b = 1, R(x) = 1, S(x) = x$.

1. Integral geral da equação homogénea

Raízes da equação característica: $r^3 - r^2 + r - 1 = 0 \Leftrightarrow r = \pm i \vee r = 1$.

Vem, deste modo, $y_{GH} = C_1\cos x + C_2\sin x + C_3 e^x$.

2. Integral particular da equação completa

$\pm i$ são raízes simples do polinómio característico

$$\overset{\uparrow}{y_{PC}} = x\big[\underset{\downarrow}{(Ax + B)}\cos x + \underset{\downarrow}{(Cx + D)}\sin x\big]$$

polinómios do mesmo grau que $S(x)$

Determinação de A, B, C, D: da expressão de y_{PC} resulta

$$\frac{dy}{dx} = \left(B + 2Ax + Dx + Cx^2\right)\cos x + \left(D + 2Cx - Bx - Ax^2\right)\sin x \Rightarrow$$

$$\frac{d^2y}{dx^2} = \left(2A + 2D + 4Cx - Bx - Ax^2\right)\cos x +$$
$$\left(-2B + 2C - 4Ax - Dx - Cx^2\right)\sin x \Rightarrow$$

$$\frac{d^3y}{dx^3} = \left(-3B + 6C - 6Ax - Dx - Cx^2\right)\cos x +$$
$$\left(-3D - 6A - 6Cx + Bx + Ax^2\right)\sin x.$$

Substituindo na equação e agrupando os termos em $\cos x$ e $\sin x$, fica

$$\left(-3B + 6C - 6Ax - Dx - Cx^2 - 2A - 2D - 4Cx +\right.$$
$$\left.Bx + Ax^2 + B + 2Ax + Dx + Cx^2 - Ax^2 - Bx\right)\cos x +$$

$$\left(-3D - 6A - 6Cx + Bx + Ax^2 + 2B - 2C + 4Ax +\right.$$
$$\left.Dx + Cx^2 + D + 2Cx - Bx - Ax^2 - Cx^2 - Dx\right)\sin x = \cos x + x\sin x.$$

A partir desta igualdade, resulta o sistema

$$\begin{cases} -4A - 4C = 0 \\ -2A - 2B + 6C - 2D = 1 \\ 4A - 4C = 1 \\ -6A + 2B - 2c - 2D = 0 \end{cases} \Leftrightarrow \begin{cases} A = 1/8 \\ B = -3/8 \\ C = -1/8 \\ D = -5/8 \end{cases}$$

de que se obtém o integral particular $y_{PC} = \dfrac{x}{8}[(x-3)\cos x - (x+5)\sin x]$.

3. Integral geral da equação

$$y_{GC} = y_{GH} + y_{PC} = C_1 \cos x + C_2 \sin x + C_3 e^x + \frac{x}{8}[(x-3)\cos x - (x+5)\sin x] =$$

$$\cos x\left(C_1 - \frac{3x}{8} + \frac{x^2}{8}\right) + \sin x\left(C_2 - \frac{5x}{8} - \frac{x^2}{8}\right) + C_3 e^x. \quad Resp..$$

10. $4\dfrac{d^2 y}{dx^2} + 16\dfrac{dy}{dx} + 17y = \dfrac{\sin(x/2)}{e^{2x}}$.

Res.: $g(x) = e^{-2x}\sin(x/2)$, vem $a = -2, b = 1/2, R(x) = 0, S(x) = 1$.

1. Integral geral da equação homogénea

Raízes da equação característica: $4r^2 + 16r + 17 = 0 \Leftrightarrow r = -2 \pm i/2$.

Integral geral da equação homogénea: $y_{GH} = e^{-2x}[C_1 \cos(x/2) + C_2 \sin(x/2)]$.

2. Integral particular da equação completa

O integral é da forma

$-2 \pm i/2$ são raízes simples da equação característica ($m = 1$)

$$\uparrow$$
$$y_{PC} = e^{-2x} x \left[A\cos(x/2) + B\sin(x/2)\right]$$
$$\downarrow \qquad \downarrow$$

polinómios de grau zero (grau de $S(x)$)

Determinação de A e B: a partir da expressão anterior resultam

$$\frac{dy}{dx} = e^{-2x}\left[\left(A - 2Ax + \frac{Bx}{2}\right)\cos(x/2) + \sin(x/2)\left(B - \frac{Ax}{2} - 2Bx\right)\right] \Rightarrow$$

$$\frac{d^2 y}{dx^2} = e^{-2x}\left[\left(-4A + B + \frac{15Ax}{4} - 2Bx\right)\cos(x/2) + \right.$$

$$\left. \sin(x/2)\left(-A - 4B + 2Ax + \frac{15Bx}{4}\right)\right].$$

Substituindo na equação, vem, sucessivamente,

$$e^{-2x}[\cos(x/2)(-16A + 4B + 15Ax - 8Bx) + \sin(x/2)(-4A - 16B + 8Ax + 15Bx) +$$

$$\cos(x/2)(16A - 32Ax + 8Bx) + \sin(x/2)(16B - 8Ax - 32Bx) +$$

$$\cos(x/2)17Ax + \sin(x/2)17Bx] = e^{-2x}\sin(x/2) \Leftrightarrow$$

$$4B\cos(x/2) - 4A\sin(x/2) = \sin(x/2) \Leftrightarrow \begin{cases} A = -1/4 \\ B = 0 \end{cases}.$$

Deste modo, obtém-se o integral particular pretendido

$$y_{PC} = -\frac{x}{4}e^{-2x}\cos(x/2).$$

3.   Integral geral da equação completa

$$y_{GC} = y_{GH} + y_{PC} = e^{-2x}[C_1\cos(x/2) + C_2\sin(x/2)] - \frac{x}{4}e^{-2x}\cos(x/2) =$$

$$e^{-2x}\left[\left(C_1 - \frac{x}{4}\right)\cos(x/2) + C_2\sin(x/2)\right]. \quad Resp..$$

11.   Seja a equação $\dfrac{d^4y}{dx^4} - \dfrac{d^3y}{dx^3} + 3\dfrac{d^2y}{dx^2} + a\dfrac{dy}{dx} = f(x)$.

a)   Considerando $f(x) \equiv 0$, determine a, de modo que $r = -1$ seja raiz do polinómio característico.

b)   Escreva o integral geral da equação homogénea para este valor de a.

c)   Considere $f(x) = x^3 + xe^x + 2e^{-x} - 3e^x\cos(2x)$; indique, neste caso, a forma do integral particular da equação completa, calculando apenas uma das suas parcelas.

   Res.:

   a)   Polinómio característico: $r^4 - r^3 + 3r^2 + ar$; se $r = -1$ é uma raiz, vem

$$(-1)^4 - (-1)^3 + 3(-1)^2 + a(-1) = 0 \Leftrightarrow a = 5. \quad Resp..$$

   b)   A equação característica admite as raízes -1 e 0; logo, é divisível por

$$r(r+1) = r^2 + r :$$

$$
\begin{array}{r|l}
r^4 - r^3 + 3r^2 + 5r & \;\underline{r^2 + r} \\
\underline{-r^4 - r^3} & \;r^2 - 2r + 5 \\
\;-2r^3 + 3r^2 + 5r & \\
\;\;\underline{2r^3 + 2r^2} & \\
\;\;\;\;5r^2 + 5r & \\
\;\;\;\;\underline{-5r^2 - 5r} & \\
\;\;\;\;\;\;\;\;0 &
\end{array}
$$

$$r^2 - 2r + 5 = 0 \Leftrightarrow r = 1 \pm 2i.$$

Resulta a solução geral da equação homogénea

$$y_{GH} = C_1 + C_2 e^{-x} + e^x [C_3 \cos(2x) + C_4 \sin(2x)]. \quad Resp..$$

c) Integral particular da equação não homogénea:

Atendendo à forma do membro direito da equação, saem as seguintes parcelas componentes do integral particular, y_{PC}:

$$f_1(x) = x^3 \Rightarrow y_{P1} = (A + Bx + Cx^2 + Dx^3)x, \text{ porque } f_1(x) \text{ é um polinómio de grau}$$

3 e 0 é raiz simples do polinómio característico ($m = 1$);

$$f_2(x) = xe^x \Rightarrow y_{P2} = (E + Fx)e^x, \text{ porque } f_2(x) \text{ inclui um polinómio de grau 1, e}$$

1 não é raiz do polinómio característico ($m = 0$);

$$f_3(x) = 2e^{-x} \Rightarrow y_{P3} = Gxe^{-x}, \text{ visto que } f_3(x) \text{ integra um polinómio de grau 0, e}$$

-1 é raiz simples do polinómio característico ($m = 1$);

$$f_4(x) = -3e^x \cos(2x) \Rightarrow y_{P4} = e^x x[H \cos(2x) + I \sin(2x)], \text{ visto que } f_4(x) \text{ inclui}$$

um polinómio de grau 0 (a constante -3) e $1 \pm 2i$ são raízes simples do polinómio característico ($m = 1$).

Determinação de $y_{P3} = Gxe^{-x}$:

$$y' = (G - Gx)e^{-x} \Rightarrow y'' = (-2G + Gx)e^{-x} \Rightarrow$$

$$y''' = (3G - Gx)e^{-x} \Rightarrow y^{IV} = (-4G + Gx)e^{-x}.$$

Substituindo na equação

$$e^{-x}(-4G + Gx - 3G + Gx - 6G + 3Gx + 5G - 5Gx) \Rightarrow 2e^{-x} \Leftrightarrow -8G = 2 \Leftrightarrow$$

$$G = -1/4 \Rightarrow y_{P3} = -xe^{-x}/4.$$

O integral geral da equação é assim da forma

$$y_{GC} = y_{GH} + y_{PC} = C_1 + Ax + Bx^2 + Cx^3 + Dx^4 + e^{-x}(C_2 - x/4) +$$

$$e^x[E + Fx + (C_3 + Hx)\cos(2x) + (C_4 + Ix)\sin(2x)]. \quad Resp..$$

Equações de Ordem Superior

Exercícios propostos

1. $\dfrac{d^4 y}{dx^4} - 2\dfrac{d^3 y}{dx^3} + 2\dfrac{d^2 y}{dx^2} - 2\dfrac{dy}{dx} + y = a$.

2. $\dfrac{d^3 y}{dx^3} - 2\dfrac{d^2 y}{dx^2} + \dfrac{dy}{dx} = e^x$.

3. $\dfrac{d^2 y}{dx^2} + a^2 y = \cos(ax)$.

4. $\dfrac{d^2 y}{dx^2} - 9\dfrac{dy}{dx} + 20y = x^2 e^{3x}$.

5. $\dfrac{d^2 y}{dx^2} + 4y = x\sin^2 x$.

6. $\dfrac{d^2 y}{dx^2} - \dfrac{dy}{dx} + y = x^3 + 6$.

7. $\dfrac{d^2 y}{dx^2} - 8\dfrac{dy}{dx} + 7y = 14$.

8. $\dfrac{d^2 y}{dx^2} - y = e^x$.

9. $\dfrac{d^2 y}{dx^2} - 2\dfrac{dy}{dx} + 5y = e^x \cos(2x)$.

10. $\dfrac{d^4 y}{dx^4} - 2\dfrac{d^3 y}{dx^3} + \dfrac{d^2 y}{dx^2} = e^x$.

11. $\dfrac{d^3 y}{dx^3} + \dfrac{d^2 y}{dx^2} = x^2 + 1 + 3xe^x$.

12. $\dfrac{d^4 y}{dx^4} + \dfrac{d^3 y}{dx^3} = \cos(4x)$.

13. $\dfrac{d^2 y}{dx^2} - 4\dfrac{dy}{dx} + 4y = e^{2x} \cos^2 x$.

14. $\left(D^6 - D^4 - D^2 + 1\right)y = 4e^x$.

15. $y'' + y = \log(\cos x)$.

16. $y'' + 4y = 2\tan x$.

17. $\left(D^2 - 2D + 1\right)y = e^x \log x$.

18. $\left(D^2 - 6D + 9\right)y = e^{3x}/x^2$.

19. $y'' - 2y' + 2y = e^x \sec x$.

20. $y'' + y' = e^x/\left(1 + e^x\right)$.

21. Determine, para cada uma das alíneas seguintes, o integral particular que verifica as condições iniciais dadas.

a) $y'' + 4y = \sin x$, $y(0) = y'(0) = 1$.

b) $\dfrac{d^3 y}{dx^3} + 2\dfrac{d^2 y}{dx^2} + 2\dfrac{dy}{dx} + y = x$, $y(0) = y'(0) = y''(0) = 0$.

c) $\dfrac{d^4 y}{dx^4} - 2\dfrac{d^2 y}{dx^2} + y = 12xe^x$, $y(0) = y''(0) = \dfrac{1}{2}$, $y'(0) = 0$, $y'''(0) = -3$.

5.3 Equação linear de coeficientes variáveis

5.3.1 Métodos de resolução

Aborda-se agora a equação linear de coeficientes variáveis, cuja expressão genérica se reproduz,

$$p_0(x)\frac{d^n y}{dx^n} + p_1(x)\frac{d^{n-1} y}{dx^{n-1}} + \ldots + p_{n-1}(x)\frac{dy}{dx} + p_n(x)y = q(x).$$

A este tipo de equações lineares se aplica, como é óbvio, o teorema 3.2 e o seu corolário, bem como o teorema 3.3, no caso da equação homogénea ($q(x) \equiv 0$). Na resolução da equação de coeficientes variáveis, pode utilizar-se, se exequível, quer o método de D'Alembert, quer o método da variação das constantes. Note-se, ainda, que pode mostrar-se adequado o recurso a um dos métodos descritos nos números III.2 a III.4, caso a equação linear se enquadre formalmente em algum dos tipos aí referidos.

Após alguns exercícios resolvidos, expõe-se a equação linear de Euler, um exemplo acessível entre vários tipos de equações lineares com coeficientes variáveis, frequentes na literatura. Propõe-se, a concluir, um conjunto de exercícios, relativos aos diversos tipos de equações com coeficientes variáveis aqui expostos.

5.3.2   Exercícios resolvidos

1.   Determine o integral geral da equação $x^2 \dfrac{d^2 y}{dx^2} - 2y = x - 1$, sabendo que $y_1 = \dfrac{1}{x}$ e

$y_2 = x^2$ constituem soluções particulares da correspondente equação homogénea.

Resolução: Resolva-se a equação pelo método da variação das constantes. Divida-se, por comodidade, ambos os membros pelo coeficiente de y''; vem

$$\frac{d^2 y}{dx^2} - \frac{2y}{x^2} = \frac{x-1}{x^2}.$$

A solução geral da equação homogénea é da forma $y_{GH} = c_1/x + c_2 x^2$.

Considere-se $c_i = c_i(x)$, $i = 1,2$, e derive-se em ordem a x, impondo (3.24):

$$y' = c_1 \frac{-1}{x^2} + 2c_2 x + \underbrace{c'_1 \frac{1}{x} + c'_2 x^2}_{= 0} \Rightarrow y'' = c_1 \frac{2}{x^3} + 2c_2 + \underbrace{c'_1 \frac{-1}{x^2} + 2c'_2 x}_{= (x-1)/x^2}.$$

Com tais condições, a função y_{GH} converte-se em integral geral da equação dada.

Com efeito, substituindo y e y'' no membro esquerdo, resulta

$$c_1 \frac{2}{x^3} + 2c_2 + \underbrace{c'_1 \frac{-1}{x^2} + 2c'_2 x}_{= (x-1)/x^2} - 2\frac{c_1/x + c_2 x^2}{x^2} =$$

$$c_1 \frac{2}{x^3} + 2c_2 + \frac{x-1}{x^2} - 2c_1 \frac{1}{x^3} - 2c_2 = \frac{x-1}{x^2}.$$

As condições impostas originam o sistema

$$\begin{cases} c'_1 \dfrac{1}{x} + c'_2 x^2 = 0 \\ c'_1 \dfrac{-1}{x^2} + 2c'_2 x = \dfrac{x-1}{x^2}, \end{cases}$$

cuja solução vem, por aplicação da regra de Cramer,

$$c'_1 = \frac{\begin{vmatrix} 0 & x^2 \\ (x-1)/x^2 & 2x \end{vmatrix}}{\begin{vmatrix} 1/x & x^2 \\ -1/x^2 & 2x \end{vmatrix}} = \frac{1-x}{3}, \; c'_2 = \frac{\begin{vmatrix} 1/x & 0 \\ -1/x^2 & (x-1)/x^2 \end{vmatrix}}{\begin{vmatrix} 1/x & x^2 \\ -1/x^2 & 2x \end{vmatrix}} = \frac{x-1}{3x^3}.$$

A integração destas funções conduz, respectivamente, a

$$c_1 = \frac{x}{3} - \frac{x^2}{6} + C_1, \; c_2 = \frac{-1}{3x} + \frac{1}{6x^2} + C_2.$$

Obtém-se o integral geral da equação

$$y = \left(\frac{x}{3} - \frac{x^2}{6} + C_1 \right)\frac{1}{x} + \left(\frac{-1}{3x} + \frac{1}{6x^2} + C_2 \right)x^2 = \frac{C_1}{x} + C_2 x^2 + \frac{1-x}{2}. \quad \textit{Resposta.}$$

2. Integre a equação $\dfrac{d^2 y}{dx^2} + 2x\dfrac{dy}{dx} + \left(x^2 + 1\right)y = 0$, com a solução particular $e^{-x^2/2}$.

Res.: Proceda-se à mudança de variável dependente $y = ze^{-x^2/2}$. Donde

$$\frac{dy}{dx} = \frac{dz}{dx}e^{-x^2/2} + ze^{-x^2/2}(-x) \Rightarrow$$

$$\frac{d^2 y}{dx^2} = \frac{d^2 z}{dx^2}e^{-x^2/2} - 2x\frac{dz}{dx}e^{-x^2/2} + ze^{-x^2/2}\left(x^2 - 1\right).$$

Introduzindo na equação, sai

$$\frac{d^2 z}{dx^2}e^{-x^2/2} - 2x\frac{dz}{dx}e^{-x^2/2} + ze^{-x^2/2}\left(x^2 - 1\right) + 2x\left(\frac{dz}{dx}e^{-x^2/2} - ze^{-x^2/2}x\right) +$$

$$\left(x^2 + 1\right)ze^{-x^2/2} = 0 \Leftrightarrow \frac{d^2 z}{dx^2} = 0,$$

de que se obtém

$$\frac{d^2 z}{dx^2} = 0 \Leftrightarrow \frac{dz}{dx} = C_1 \Leftrightarrow z = C_1 x + C_2.$$

Resulta, deste modo, o integral geral $y = ze^{-x^2/2} = \left(C_1 x + C_2\right)e^{-x^2/2}$. *Resp..*

5.3.3 Equação linear de Euler

5.3.3.1 Definição e método de resolução

Denomina-se *equação linear de Euler* toda a equação diferencial do tipo

$$\left(ax + b\right)^n \frac{d^n y}{dx^n} + A_1\left(ax + b\right)^{n-1}\frac{d^{n-1} y}{dx^{n-1}} + \; ... \; + A_{n-1}\left(ax + b\right)\frac{dy}{dx} + A_n y = q(x),$$

em que a, b, $A_1,...,A_n$ designam constantes dadas. Como é óbvio, a equação inclui, formalmente, como caso particular, a equação linear de coeficientes constantes; para tal basta que $a = 0$.[15] Dado, em geral, $a \neq 0$, propõe-se o seguinte método de resolução:

Proceda-se inicialmente à mudança de variável independente

$$ax + b = e^t, \qquad (3.30)$$

podendo a equação escrever-se

$$e^{nt} \frac{d^n y}{dx^n} + A_1 e^{(n-1)t} \frac{d^{n-1} y}{dx^{n-1}} + \ ... \ + A_{n-1} e^t \frac{dy}{dx} + A_n y = q\left(\frac{e^t - b}{a}\right).$$

Derivando (3.30) em ordem a t, vem, entretanto,

$$a \frac{dx}{dt} = e^t \Leftrightarrow \frac{dt}{dx} = ae^{-t},$$

resultando deste modo

$$\frac{dy}{dx} = \frac{dy}{dt} \frac{dt}{dx} = \frac{dy}{dt} ae^{-t} \Rightarrow$$

$$\frac{d^2 y}{dx^2} = \frac{d}{dx}\left(\frac{dy}{dt} ae^{-t}\right) = \frac{d}{dt}\left(\frac{dy}{dt} ae^{-t}\right) \frac{dt}{dx} =$$

$$\left(-\frac{dy}{dt} ae^{-t} + \frac{d^2 y}{dt^2} ae^{-t}\right) ae^{-t} = \left(\frac{d^2 y}{dt^2} - \frac{dy}{dt}\right) a^2 e^{-2t} \Rightarrow$$

$$\frac{d^3 y}{dx^3} = \frac{d}{dx}\left[\left(\frac{d^2 y}{dt^2} - \frac{dy}{dt}\right) a^2 e^{-2t}\right] = \frac{d}{dt}\left[\left(\frac{d^2 y}{dt^2} - \frac{dy}{dt}\right) a^2 e^{-2t}\right] \frac{dt}{dx} =$$

$$\left[\left(\frac{d^3 y}{dt^3} - \frac{d^2 y}{dt^2}\right) a^2 e^{-2t} - \left(\frac{d^2 y}{dt^2} - \frac{dy}{dt}\right) 2a^2 e^{-2t}\right] ae^{-t} =$$

$$\left(\frac{d^3 y}{dt^3} - 3\frac{d^2 y}{dt^2} + 2\frac{dy}{dt}\right) a^3 e^{-3t}, \qquad (3.31)$$

e assim sucessivamente. Em geral, $d^n y/dx^n$, pode escrever-se $d^n y/dx^n = L_n a^n e^{-nt}$, em que L_n designa uma função linear das derivadas $y^{(k)}(t)$, $1 \leq k \leq n$. Substituindo as derivadas de y em ordem a x na equação, esta converte-se em equação linear de coeficientes constantes, em y e t, resolvendo-se segundo os métodos descritos.

---

[15]   Quando $b = 0$, a equação denomina-se *linear de Cauchy*.

5.3.3.2 Exercícios resolvidos

1. $x^2 \dfrac{d^2 y}{dx^2} + x \dfrac{dy}{dx} - y = x \log x$.

Resolução: Nesta equação de Euler tem-se $a = 1, b = 0$. Efectue-se a mudança de variável indicada

$$x = e^t \Rightarrow \frac{dx}{dt} = e^t \Leftrightarrow \frac{dt}{dx} = e^{-t}.$$

Obtêm-se (cfr (3.31))

$$\frac{dy}{dx} = \frac{dy}{dt}\frac{dt}{dx} = \frac{dy}{dt}e^{-t} \Rightarrow$$

$$\frac{d^2 y}{dx^2} = \frac{d}{dx}\left(\frac{dy}{dt}e^{-t}\right) = \frac{d}{dt}\left(\frac{dy}{dt}e^{-t}\right)\frac{dt}{dx} = \left(-\frac{dy}{dt}e^{-t} + \frac{d^2 y}{dt^2}e^{-t}\right)e^{-t} = \left(\frac{d^2 y}{dt^2} - \frac{dy}{dt}\right)e^{-2t}.$$

Introduzindo estas expressões na equação e substituindo x, vem

$$e^{2t}\left(\frac{d^2 y}{dt^2} - \frac{dy}{dt}\right)e^{-2t} + e^t \frac{dy}{dt}e^{-t} - y = e^t \log e^t \Leftrightarrow \frac{d^2 y}{dt^2} - y = te^t.$$

Resolva-se a equação linear de coeficientes constantes:

1.   Integral geral da equação homogénea

Raízes da equação característica: $r^2 - 1 = 0 \Leftrightarrow r = \pm 1$.

Integral geral da equação homogénea: $y_{GH} = C_1 e^t + C_2 e^{-t}$.

2.   Integral particular da equação completa

O integral é da forma $y_{PC} = e^t (At + B)t = e^t (At^2 + Bt)$.

Determinação das constantes A e B: derivando y_{PC}, vem

$$y' = e^t (At^2 + 2At + Bt + B) \Rightarrow y'' = e^t (At^2 + 4At + Bt + 2A + 2B).$$

Introduzindo y_{PC} e suas derivadas na equação, sai

$$e^t (At^2 + 4At + Bt + 2A + 2B - At^2 - Bt) = te^t;$$

resulta o sistema

$$\begin{cases} 4A = 1 \\ 2A + 2B = 0 \end{cases} \Leftrightarrow \begin{cases} A = 1/4 \\ B = -1/4. \end{cases}$$

O integral particular da equação não homogénea fica

$$y_{PC} = e^t(At+B)t = \frac{e^t}{4}(t^2-t).$$

3. Integral geral da equação completa

$$y_{GC} = y_{GH} + y_{PC} = C_1 e^t + C_2 e^{-t} + \frac{e^t}{4}(t^2-t).$$

Substituindo t pela sua expressão em x, resulta, de imediato, o integral geral da equação de Euler, dado por

$$y = C_1 x + \frac{C_2}{x} + \frac{x}{4}(\log^2 x - \log x). \quad \textit{Resposta.}$$

2. $2(x+1)^2 \dfrac{d^2 y}{dx^2} - (x+1)\dfrac{dy}{dx} + y = x.$

Res.: Tem-se, neste caso, $a = b = 1$. Efectue-se a mudança de variável indicada

$$x+1 = e^t \Rightarrow \frac{dx}{dt} = e^t \Leftrightarrow \frac{dt}{dx} = e^{-t}.$$

Obtêm-se, pois, (cfr (3.31))

$$\frac{dy}{dx} = \frac{dy}{dt}\frac{dt}{dx} = \frac{dy}{dt}e^{-t} \Rightarrow$$

$$\frac{d^2 y}{dx^2} = \frac{d}{dx}\left(\frac{dy}{dt}e^{-t}\right) = \frac{d}{dt}\left(\frac{dy}{dt}e^{-t}\right)\frac{dt}{dx} = \left(-\frac{dy}{dt}e^{-t} + \frac{d^2 y}{dt^2}e^{-t}\right)e^{-t} = \left(\frac{d^2 y}{dt^2} - \frac{dy}{dt}\right)e^{-2t}.$$

Introduzindo estas expressões na equação, e substituindo x por $e^t - 1$, vem

$$2e^{2t}\left(\frac{d^2 y}{dt^2} - \frac{dy}{dt}\right)e^{-2t} - e^t \frac{dy}{dt}e^{-t} + y = e^t - 1 \Leftrightarrow 2\frac{d^2 y}{dt^2} - 3\frac{dy}{dt} + y = e^t - 1.$$

Resolução da equação linear de coeficientes constantes:

1. Integral geral da equação homogénea

Raízes da equação característica: $2r^2 - 3r + 1 = 0 \Leftrightarrow r = 1 \vee r = 1/2$.

Integral geral da equação homogénea: $y_{GH} = C_1 e^t + C_2 e^{t/2}$.

2. Integral particular da equação completa:

O integral é da forma $y_{PC} = Ate^t + B$.

Determinação das constantes A e B: derivando y_{PC}, vem

$$y' = (At + A)e^t \Rightarrow y'' = (At + 2A)e^t.$$

Introduzindo y_{PC} e suas derivadas na equação, sai

$$e^t(2At + 4A - 3At - 3A + At) + B = e^t - 1;$$

resulta, de imediato, $A = 1, B = -1$.

O integral particular da equação não homogénea fica $y_{PC} = te^t - 1$.

3.   Integral geral da equação completa

$$y_{GC} = y_{GH} + y_{PC} = (C_1 + t)e^t + C_2 e^{t/2} - 1.$$

A solução geral da equação linear de Euler resulta da substituição de t por

$$\log(x+1): \quad y = [C_1 + \log(x+1)](x+1) + C_2\sqrt{x+1} - 1. \quad Resp..$$

Exercícios propostos

1.   Determine o integral geral de cada uma das seguintes equações, sabendo que y_1 e y_2 são soluções das respectivas equações homogéneas.

a) $6x^2 y'' - 9xy' + 6y = x; y_1 = \sqrt{x}, y_2 = x^2$.

b) $x^2 y'' + xy' - y = 2x; y_1 = x, y_2 = 1/x$.

2. $(1 + x^2)\dfrac{d^2 y}{dx^2} + 2x\dfrac{dy}{dx} = \dfrac{2}{x^3}$.

3.   Integre a equação $x^2 y'' + xy' - y = 0$, sabendo que admite, como solução particular, a função $y_1 = x$.

4.   Resolva a equação $6x^2 y'' - 9xy' + 6y = x$, sabendo que a função $y = \sqrt{x}$ é solução da correspondente equação homogénea.

5. $x^2\dfrac{d^2 y}{dx^2} - 3x\dfrac{dy}{dx} + 2y = 0$.

6. $x^2 y'' + y = 0$.

7. $x^3\dfrac{d^3 y}{dx^3} - x\dfrac{dy}{dx} = 0$.

8. $2x^2 \dfrac{d^2 y}{dx^2} - x \dfrac{dy}{dx} + y = x^2$.

9. $x^2 \dfrac{d^2 y}{dx^2} + x \dfrac{dy}{dx} + y = \log x$.

10. $x^{a+1} \dfrac{d^2 y}{dx^2} - (2a-1)x^a \dfrac{dy}{dx} + a^2 x^{a-1} y = 1, \ a \neq 1/2$.

11. $4x^2 y'' + y = \sqrt{x}$.

12. $x^3 y''' - x^2 y'' + 2xy' - 2y = 0$.

13. Calcule o integral particular da equação $x^2 \dfrac{d^2 y}{dx^2} - 2x \dfrac{dy}{dx} + 2y = x + x^2 \log x + x^3$, que verifica as condições iniciais $y(1) = 1/2, \ y'(1) = -1/2$.

IV SISTEMAS DE EQUAÇÕES DIFERENCIAIS

1 INTRODUÇÃO

Os grupos anteriores incluem diversos tipos de equações ordinárias individuais, mediante as quais se estabelecem relações funcionais determinadas entre a variável independente e uma única variável dependente. Se, por seu turno, se pretende definir um conjunto de variáveis dependentes correlacionadas com recurso a um grupo de equações, este designa-se sistema de equações diferenciais ou *sistema diferencial*.

Em geral, pode escrever-se um sistema de n equações diferenciais ordinárias na forma

$$\begin{cases} F_1\left(x, y_1, y_1', \ldots, y_1^{(p_1)}, \ldots, y_n, y_n', \ldots, y_n^{(p_n)}\right) = 0 \\ \ldots \ldots \ldots \\ F_n\left(x, y_1, y_1', \ldots, y_1^{(p_1)}, \ldots, y_n, y_n', \ldots, y_n^{(p_n)}\right) = 0 \end{cases}$$

em que y_i e $y_i^{(k)}$ ($k = 1, \ldots, p_i$, $i = 1, \ldots, n$) denotam, respectivamente, as variáveis dependentes e suas derivadas em ordem à variável independente, x. Se todas as equações se encontram explicitadas em termos das derivadas de maior ordem das variáveis dependentes, o sistema designa-se *sistema normal* ou *na forma normal*. Um sistema denomina-se *linear* ou *de equações lineares* quando todas as equações são lineares nas variáveis dependentes e suas derivadas. Por exemplo, ao sistema não linear de três equações, relacionando as três funções de x, y_1, y_2 e y_3

$$\begin{cases} y_1'' + y_2' - y_3' = y_2 x \\ y_2 y_2''' - y_1'' = 1 \\ y_3' + y_2' = y_1^2 + x \end{cases}$$

corresponde o sistema normal

$$\begin{cases} y_1'' = -y_2' + y_3' + y_2 x \\ y_2''' = \left(y_1'' + 1\right)/y_2 \\ y_3' = -y_2' + y_1^2 + x. \end{cases} \qquad (4.1)$$

Um sistema de equações de qualquer ordem pode transformar-se em outro equivalente envolvendo apenas equações de primeira ordem. Exemplificando com o sistema (4.1), faça-se $y_1' = y_4$, $y_2' = y_5$, $y_2'' = y_6$. Resulta, deste modo,

$$\begin{cases} y_4' = -y_5 + y_3' + y_2 x \\ y_6' = \left(y_4' + 1\right)/y_2 \\ y_3' = y_1^2 - y_5 + x \\ y_1' = y_4 \\ y_2' = y_5 \\ y_5' = y_6. \end{cases}$$

Pode, pois, enquadrar-se o estudo de quaisquer sistemas nos termos da análise de sistemas envolvendo apenas equações de primeira ordem.[16]

Nos números seguintes abordam-se alguns métodos de integração de sistemas de equações ordinárias. À semelhança do exposto nos números II.1 e III.1, convém mencionar, ainda que sem demonstração, um importante teorema, relativo à existência e unicidade de solução de sistemas normais de equações de primeira ordem. Considere-se, pois, um sistema de n equações, expresso de forma condensada,

$$y_i' = f_i(x, y_1, y_2, ..., y_n), \; i = 1, ..., n. \qquad (4.2)$$

Define-se solução ou integral do sistema de n equações diferenciais (4.2), um conjunto de n funções y_i ($i = 1, ..., n$) admitindo, para todo o x pertencente a um intervalo aberto, derivadas $y_i'(x)$ tais, que resultem identidades as n equações do sistema.

Relativamente ao integral de um sistema do tipo (4.2), demonstra-se o seguinte

---

[16]   Refira-se que qualquer equação de ordem n pode, analogamente, transformar-se em sistema de n equações de primeira ordem: considerando na equação $F(x, y, y', ..., y^{(n)}) = 0$, $y = y_1$, $y' = y_2$, ... , $y^{(n-1)} = y_n$, resulta $F(x, y_1, y_2, ..., y_n, y_n') = 0$, $y_1' = y_2$, ..., $y_{n-1}' = y_n$.

Teorema de existência e unicidade

Sejam $f_i(x,y_1, \dots ,y_n) : D \subseteq \mathfrak{R}^{n+1} \to \mathfrak{R}$, $i = 1, \dots ,n$, n *funções contínuas e admitindo derivadas parciais* $\partial f_i / \partial y_j$ $(j = 1, \dots , n)$ *limitadas em todo o domínio* D. *Nestas condições, o sistema de equações diferenciais (4.2) possui uma e uma só solução* $y_i = y_i(x)$, $i = 1, \dots ,n$, *tal que, qualquer que seja* $(x_0 ,c_1 ,c_2 , \dots ,c_n) \in i(D)$, se tem $y_1(x_0) = c_1$, $y_2(x_0) = c_2 , \dots , y_n(x_0) = c_n$.

2 SISTEMAS NORMAIS

2.1 Método geral de resolução

Uma vez transformado um sistema em sistema normal de n equações de primeira ordem, pode fazer-se depender a sua resolução da de uma equação de ordem n. Retome--se o sistema (4.2) e derive-se em ordem a x a primeira equação. Obtém-se

$$y_1'' = \frac{\partial f_1}{\partial x} + \frac{\partial f_1}{\partial y_1} y_1' + \dots + \frac{\partial f_1}{\partial y_n} y_n'.$$

Dado (4.2), resulta, mediante a substituição das derivadas y_i' por f_i,

$$y_1'' = \frac{\partial f_1}{\partial x} + \frac{\partial f_1}{\partial y_1} f_1 + \dots + \frac{\partial f_1}{\partial y_n} f_n = g_1\left(x,y_1,y_2,\dots,y_n\right).$$

Derivando novamente e procedendo do mesmo modo, vem

$$y_1''' = \frac{\partial g_1}{\partial x} + \frac{\partial g_1}{\partial y_1} y_1' + \dots + \frac{\partial g_1}{\partial y_n} y_n' = g_2\left(x,y_1,y_2,\dots,y_n\right).$$

Continuando o processo até à derivada de ordem n, resulta o sistema

$$\begin{cases} y_1' = f_1\left(x,y_1,y_2,\dots,y_n\right) \\ y_1'' = g_1\left(x,y_1,y_2,\dots,y_n\right) \\ \dots \\ y_1^{(n)} = g_{n-1}\left(x,y_1,y_2,\dots,y_n\right) \end{cases} \qquad (4.3)$$

Eliminando agora y_2, y_3, ..., y_n em (4.3), obtém-se a equação de ordem n, em y_1,

$$F_1\left(x,y_1,y_1',...,y_1^{(n)}\right)= 0.$$

Denote-se o integral geral por

$$y_1 = \varphi_1(x,C_1,C_2,...,C_n)\,;$$

para resolver as demais equações do sistema, substitui-se nestas y_1 por φ_1, procedendo como anteriormente, no que diz respeito ao resultante sistema de $n-1$ equações. Em teoria, o processo conduz à solução geral do sistema, expressa na forma[17]

$$\begin{cases} y_1 = \varphi_1\left(x,C_1,C_2,...,C_n\right) \\ ... \\ y_n = \varphi_n\left(x,C_1,C_2,...,C_n\right). \end{cases}$$

2.2 Exercícios resolvidos

1. Transformar o sistema em sistema normal de equações de primeira ordem:

$$\begin{cases} d^2y_1/dx^2 - y_1^2 = dy_2/dx \\ dy_1/dx + d^3y_2/dx^3 = \sqrt{dy_2/dx}\,. \end{cases}$$

Resolução: Na forma normal o sistema fica

$$\begin{cases} d^2y_1/dx^2 = y_1^2 + dy_2/dx \\ d^3y_2/dx^3 = -dy_1/dx + \sqrt{dy_2/dx}\,. \end{cases}$$

---

[17]   O êxito da aplicação do método depende do grau de dificuldade de resolução das equações individuais. Com frequência, sobretudo em sistemas não lineares, estas são de difícil integração com recurso aos processos usuais. O método revela-se, pois, particularmente adequado em sistemas lineares. Os exemplos incluem, mesmo assim, alguns sistemas não lineares, além de outros sistemas normais de equações lineares expostos em IV.3.

Faça-se $dy_1/dx = y_3$, $dy_2/dx = y_4$, $d^2y_2/dx^2 = y_5$; resulta o sistema pretendido

$$\begin{cases} \dfrac{dy_3}{dx} = y_1^2 + y_4 \\[2ex] \dfrac{dy_5}{dx} = -y_3 + \sqrt{y_4} \\[2ex] \dfrac{dy_1}{dx} = y_3 \qquad\qquad \textit{Resposta.} \\[2ex] \dfrac{dy_2}{dx} = y_4 \\[2ex] \dfrac{dy_4}{dx} = y_5 \,. \end{cases}$$

2. Resolver os sistemas.

a) $\quad \dfrac{dy_1}{dx} = y_2^2 \wedge 2y_2 \dfrac{dy_2}{dx} = -y_1.$

Res.: Derive-se a primeira equação em ordem a x; resulta

$$\begin{cases} \dfrac{d^2 y_1}{dx^2} = 2y_2 \dfrac{dy_2}{dx} \\[2ex] 2y_2 \dfrac{dy_2}{dx} = -y_1 \end{cases} \Leftrightarrow \begin{cases} \dfrac{d^2 y_1}{dx^2} + y_1 = 0 \\[2ex] - \;. \end{cases}$$

Integrando a primeira equação, linear de segunda ordem em y_1, vem

equação característica: $r^2 + 1 = 0 \Leftrightarrow r = \pm i$;

solução geral: $y_1 = C_1 \cos x + C_2 \sin x$.

A partir do sistema inicial obtém-se, substituindo y_1 na primeira equação, por

exemplo, $-C_1 \sin x + C_2 \cos x = y_2^2$. Sai a solução geral do sistema

$$\begin{cases} y_1 = C_1 \cos x + C_2 \sin x \\[1ex] y_2^2 = -C_1 \sin x + C_2 \cos x \end{cases} . \quad \textit{Resp..}$$

b) $\quad \begin{cases} \dfrac{dy_1}{dx} = \log y_2 \\[2ex] \dfrac{dy_2}{dx} = y_1 y_2 \,. \end{cases}$

Res.: Derive-se a primeira equação em ordem a x; obtém-se

$$\begin{cases} \dfrac{d^2 y_1}{dx^2} = \dfrac{dy_2/dx}{y_2} \\ \dfrac{dy_2}{dx} = y_1 y_2 \end{cases} \Leftrightarrow \begin{cases} \dfrac{d^2 y_1}{dx^2} = y_1 \\ -. \end{cases}$$

A primeira equação é linear de segunda ordem em y_1; vem

equação característica: $r^2 - 1 = 0 \Leftrightarrow r = \pm 1$;

solução geral: $y = C_1 e^x + C_2 e^{-x}$.

Substituindo na primeira equação do sistema inicial, fica $C_1 e^x - C_2 e^{-x} = \log y_2$.

Sai a solução geral $\qquad \begin{cases} y_1 = C_1 e^x + C_2 e^{-x} \\ y_2 = e^{C_1 e^x - C_2 e^{-x}}. \end{cases} \qquad Resp..$

3. Resolver o sistema linear $z'' = 3z + y \wedge y' = x - 2z$.

Res.: Não se torna necessário transformar o sistema em sistema de equações de primeira ordem, porquanto, derivando a primeira equação, resulta

$$\begin{cases} z''' = 3z' + y' = 3z' + x - 2z \\ y' = x - 2z \end{cases} \Leftrightarrow \begin{cases} z''' - 3z' + 2z = x \\ \underline{\qquad} \end{cases}$$

Integração da equação linear em z:

Equação característica: $r^3 - 3r + 2 = 0 \Leftrightarrow r = 1 \,(\text{dupla}) \vee r = -2$.

Solução geral da equação homogénea: $z = (C_1 + C_2 x)e^x + C_3 e^{-2x}$.

Solução particular da equação completa:

$z = Ax + B \Rightarrow z' = A \Rightarrow z'' = z''' = 0$;

$z''' - 3z' + 2z = x \Leftrightarrow -3A + 2Ax + 2B = x \Leftrightarrow A = 1/2, \ B = 3/4$.

Solução geral da equação completa: $z = (C_1 + C_2 x)e^x + C_3 e^{-2x} + x/2 + 3/4$.

Da primeira equação obtém-se $y = z'' - 3z$, de que resulta, dado z,

$$y = (C_1 + 2C_2 + C_2 x)e^x + 4C_3 e^{-2x} + (-3C_1 - 3C_2 x)e^x - 3C_3 e^{-2x} - 3x/2 - 9/4 =$$

$$(-2C_1 + 2C_2 - 2C_2 x)e^x + C_3 e^{-2x} - 3x/2 - 9/4.$$

Pode assim escrever-se a solução geral do sistema na forma

$$\begin{cases} z = \left(C_1 + C_2\right)xe^x + C_3 e^{-2x} + x/2 + 3/4 \\ y = \left(-2C_1 + 2C_2 - 2C_2 x\right)e^x + C_3 e^{-2x} - 3x/2 - 9/4. \end{cases} \qquad Resp..$$

Exercícios propostos

1. Conveter o seguinte sistema em sistema normal de equações de primeira ordem:

$$\begin{cases} z_1'' = g_1\left(x, z_1, z_2, z_3, z_1', z_2', z_3'\right) \\ z_2'' = g_2\left(x, z_1, z_2, z_3, z_1', z_2', z_3'\right) \\ z_3'' = g_3\left(x, z_1, z_2, z_3, z_1', z_2', z_3'\right) \end{cases}$$

2. Integrar os sistemas

a)
$$\begin{cases} \dfrac{dy_1}{dx} = x + 1/y_2 \\ \dfrac{dy_2}{dx} = y_1 y_2^2 \end{cases}$$

b) $\quad y_1' = y_2^2 \wedge y_2' = y_1 y_2$.

3. Determinar o integral particular do sistema, que verifica $y_1(1) = 0$, $y_2(1) = 1$.

$$\begin{cases} \dfrac{dy_1}{dx} - y_1 = 1/y_2 - 1/x^2 \\ \dfrac{dy_2}{dx} = y_2^2 \dfrac{dy_1}{dx}. \end{cases}$$

4. Integrar os sistemas

a)
$$\begin{cases} \dfrac{dy}{dt} = -3y + 4x + 5e^{5t} \\ \dfrac{dx}{dt} = -y + 2x - 3e^{5t}. \end{cases}$$

b)
$$\begin{cases} \dfrac{dy}{dx} = y - 2z \\ \dfrac{dz}{dx} = 5y + 3z. \end{cases}$$

132   *Equações Diferenciais Ordinárias*

3   SISTEMAS LINEARES DE COEFICIENTES CONSTANTES

3.1 Introdução

Como atrás referido, um sistema diz-se linear se as equações que o compõem são lineares nas variáveis dependentes e suas derivadas. O sistema designa-se linear *de coeficientes constantes*, se os coeficientes das variáveis dependentes e respectivas derivadas são constantes (não envolvendo, portanto, a variável independente). Genericamente, pode escrever-se um sistema linear de n equações de coeficientes constantes na forma

$$\begin{cases} P_{11}(D)y_1 + P_{12}(D)y_2 + ... + P_{1n}(D)y_n = b_1(x) \\ P_{21}(D)y_1 + P_{22}(D)y_2 + ... + P_{2n}(D)y_n = b_2(x) \\ ...\ ...\ ... \\ P_{n1}(D)y_1 + P_{n2}(D)y_2 + ... + P_{nn}(D)y_n = b_n(x), \end{cases} \tag{4.4}$$

em que os termos $P_{ij}(D), i,j = 1,...,n$ designam polinómios simbólicos no operador D, aplicados às variáveis y_i, e $b_i(x), i = 1,...,n$ denotam funções da variável independente, x. A título de exemplo considere-se o sistema de duas equações

$$\begin{cases} y_1'' - y_1 + y_2' = \cos x \\ y_1''' - 3y_1' + 2y_1 - y_2'' + 3y_2' = 0, \end{cases} \tag{4.5}$$

no qual se tem, de acordo com (4.4),

$$P_{11}(D) = D^2 - 1, P_{12}(D) = D, b_1(x) = \cos x$$

$$P_{21}(D) = D^3 - 3D + 2, P_{22}(D) = -D^2 + 3D, b_2(x) = 0.$$

Matricialmente, (4.4) pode escrever-se, de modo simbólico,

$$\begin{bmatrix} P_{11}(D) & P_{12}(D) & ... & P_{1n}(D) \\ P_{21}(D) & P_{22}(D) & ... & P_{2n}(D) \\ ... & ... & ... & ... \\ P_{n1}(D) & P_{n2}(D) & ... & P_{nn}(D) \end{bmatrix} \begin{bmatrix} y_1 \\ y_2 \\ ... \\ y_n \end{bmatrix} = \begin{bmatrix} b_1(x) \\ b_2(x) \\ ... \\ b_n(x) \end{bmatrix} \Leftrightarrow \boldsymbol{P}\boldsymbol{y} = \boldsymbol{b}, \tag{4.6}$$

em que $\boldsymbol{P}$, designada *matriz do sistema*, representa a matriz $n{\times}n$ dos polinómios em D, e $\boldsymbol{y}$ e $\boldsymbol{b}$ denotam, respectivamente, os vectores $n{\times}1$ das variáveis dependentes e das funções da variável independente. No tocante ao exemplo (4.5), vem

$$P = \begin{bmatrix} D^2 - 1 & D \\ D^3 - 3D + 2 & -D^2 + 3D \end{bmatrix}, \ y = \begin{bmatrix} y_1 \\ y_2 \end{bmatrix}, \ b = \begin{bmatrix} \cos x \\ 0 \end{bmatrix}.$$

Quando $b_i(x) \equiv 0, i = 1, \ldots, n$, ou seja, b é o vector nulo, o sistema diz-se *homogéneo*; caso contrário, designa-se *não-homogéneo*. O sistema (4.5) é, obviamente, do segundo tipo.

Em analogia com os sistemas lineares algébricos, define-se o *determinante do sistema*,

$$\Delta(D) = \begin{vmatrix} P_{11}(D) & P_{12}(D) & \ldots & P_{1n}(D) \\ P_{21}(D) & P_{22}(D) & \ldots & P_{2n}(D) \\ \ldots & \ldots & \ldots & \ldots \\ P_{n1}(D) & P_{n2}(D) & \ldots & P_{nn}(D) \end{vmatrix}.$$

$\Delta(D)$ constitui um polinómio em D, designado *polinómio característico do sistema*. A equação $\Delta(D) = 0$ é a *equação característica*, cujo grau define a *ordem do sistema*.

3.2 Métodos de resolução

i. Primeiro método: método simbólico

No essencial, o presente método baseia-se nas já referidas propriedades do operador D, análogas às propriedades de operações algébricas. Retome-se o sistema (4.6), contemplando apenas, por comodidade, o caso mais vulgar em que $\Delta(D)$ constitui um polinómio simbólico em D, de grau $k > 0$.[18] Considerem-se os complementos algébricos dos elementos do determinante do sistema: seja p_{ij} o complemento algébrico do elemento $P_{ij}, i, j = 1, \ldots, n$. Multiplique-se cada equação do sistema por, respectivamente, $p_{11}, p_{21}, \ldots, p_{n1}$ e adicionem-se ordenadamente todas as igualdades resultantes. Obtém-se

---

[18] Se $\Delta(D) \equiv 0$, o sistema, ou admite infinitas soluções, ou é impossível. Se $\Delta(D) = $ constante $\neq 0$, o sistema resolve-se sem integração, admitindo, no caso homogéneo, apenas a solução trivial $y = 0$.

$$p_{11}P_{11}(D)y_1 + p_{11}P_{12}(D)y_2 + \ldots + p_{11}P_{1n}(D)y_n +$$

$$p_{21}P_{21}(D)y_1 + p_{21}P_{22}(D)y_2 + \ldots + p_{21}P_{2n}(D)y_n + \ldots +$$

$$p_{n1}P_{n1}(D)y_1 + p_{n1}P_{n2}(D)y_2 + \ldots + p_{n1}P_{nn}(D)y_n =$$

$$p_{11}b_1(x) + p_{21}b_2(x) + \ldots + p_{n1}b_n(x).$$

Segundo o Teorema de Laplace, um determinante é igual à soma dos produtos dos elementos de uma fila pelos respectivos complementos algébricos. De acordo com um corolário, é nula a soma dos produtos dos elementos de uma fila pelos complementos algébricos dos elementos homólogos de outra fila paralela. Logo a última expressão equivale a

$$\Delta(D)y_1 = \Delta_1,$$

em que Δ_1 designa o determinante que se obtém de $\Delta(D)$, substituindo a primeira coluna por b. Uma vez calculado, constitui uma função de x ou uma constante.

De modo análogo, multiplicando cada equação por, respectivamente, $p_{12}, p_{22}, \ldots, p_{n2}$ e adicionando, obtém-se

$$\Delta(D)y_2 = \Delta_2,$$

designando agora Δ_2 o determinante que se obtém de $\Delta(D)$, substituindo a segunda coluna por b. E assim sucessivamente: adicionando ordenadamente todas as equações, multiplicadas, respectivamente, por $p_{1i}, p_{2i}, \ldots, p_{ni}$, obtém-se a equação linear

$$\Delta(D)y_i = \Delta_i, \ i = 1, \ldots, n,$$

em que, logicamente, Δ_i denota o determinante que se obtém de $\Delta(D)$, com substituição da i-ésima coluna por b. Este resultado significa que qualquer das variáveis dependentes do sistema, y_i, satisfaz tal equação. Deste modo, a partir de (4.6) obtém-se

$$\begin{cases} \Delta(D)y_1 = \Delta_1 \\ \Delta(D)y_2 = \Delta_2 \\ \ldots \\ \Delta(D)y_n = \Delta_n. \end{cases} \tag{4.7}$$

Como resulta óbvio, se o membro direito do sistema inicial, b, coincide com o vector nulo, as equações (4.7) são também homogéneas. De contrário, estas são, presumivelmente, não homogéneas. Mediante a utilização de qualquer dos métodos referidos no número III.5, cada uma das n equações lineares (4.7) conduz a um integral geral da forma indicada em III.5.2, contendo k constantes arbitrárias. Por conseguinte, a solução geral do sistema envolve, aparentemente, nk parâmetros arbitrários independentes. Todavia, dado que o sistema (4.6) — ao qual as n funções y_i devem satisfazer — impõe $(n-1)k$ relações simultâneas a tais parâmetros, o número de constantes arbitrárias independentes do integral geral é igual à ordem do sistema (k).

ii.   Segundo método: aplicação da álgebra linear a sistemas lineares normais

O presente método aplica-se a sistemas lineares da forma

$$\begin{cases} y_1' = a_{11}y_1 + a_{12}y_2 + ... + a_{1n}y_n + b_1(x) \\ y_2' = a_{21}y_1 + a_{22}y_2 + ... + a_{2n}y_n + b_2(x) \\ ... \\ y_n' = a_{n1}y_1 + a_{n2}y_2 + ... + a_{nn}y_n + b_n(x) \end{cases} \Leftrightarrow y' = Ay + b, \quad (4.8)$$

em que, para além de y e b com o significado atrás referido,

$y' = (y_1', y_2', ..., y_n')^T$: vector coluna $n \times 1$ das derivadas das funções

$y_i, i = 1, ..., n$,

$$A_{n \times n} = \begin{bmatrix} a_{11} & a_{12} & ... & a_{1n} \\ a_{21} & a_{22} & ... & a_{2n} \\ ... & ... & ... & ... \\ a_{n1} & a_{n2} & ... & a_{nn} \end{bmatrix} : \text{matriz constante.}$$

De acordo com o presente método, começa por se resolver o sistema homogéneo correspondente a (4.8) (supondo $b \equiv 0$). Pode simplificar-se a sua integração a partir da resolução de um sistema homogéneo equivalente, envolvendo, não a matriz A, mas uma sua transformada, diagonal ou triangular. Considere-se, pois, um vector z de funções $z_i(x), i = 1, ..., n$, relacionado com y através de

$$y = Vz, \qquad (4.9)$$

em que V designa a matriz constante $n \times n$, que permite diagonalizar A ou, em alternativa, transformá-la em matriz triangular. Derivando (4.9), pode escrever-se

$$y' = Vz' = Ay = AVz \Leftrightarrow z' = V^{-1}AVz = Bz,$$

em que B representa a referida matriz diagonal ou triangular e z' o vector das derivadas de $z_i(x), i = 1,...,n$. Com esta matriz, o sistema transformado (linear em z) é fácil de integrar, como em seguida se descreve. A partir do seu integral, obtém-se a solução do sistema homogéneo, dada por $y = Vz$.

A matriz V constrói-se a partir dos vectores próprios de A. Se aos valores próprios de A correspondem n vectores próprios linearmente independentes, os elementos das colunas de V são as componentes dos vectores próprios associados aos valores próprios de A.[19] Neste caso a matriz B é da forma

$$\mathop{B}_{n \times n} = \begin{bmatrix} \lambda_1 & 0 & ... & 0 \\ 0 & \lambda_2 & ... & 0 \\ ... & ... & ... & ... \\ 0 & 0 & ... & \lambda_n \end{bmatrix},$$

em que $\lambda_i, i = 1,...,n$ designam os n valores próprios de A. Resulta, deste modo, o sistema homogéneo transformado

$$\begin{cases} z_1' = \lambda_1 z_1 \\ ... \\ z_n' = \lambda_n z_n , \end{cases}$$

de fácil integração. A solução geral é da forma

$$z_i = C_i e^{\lambda_i x}, i = 1,...,n .$$

Se os valores próprios de A não são todos distintos e o número de vectores próprios linearmente independentes é inferior a n, os elementos das colunas de V são as componentes dos vectores próprios linearmente independentes associados aos valores próprios distintos, bem como as componentes dos vectores que formam uma base do subespaço suplementar do subespaço gerado por aqueles vectores próprios.[20] Neste caso a matriz B resulta triangular, apresentando, na diagonal principal, os n valores próprios de A, distintos ou não. Em termos formais

---

[19]   Se uma matriz A $n \times n$ tem n valores próprios distintos, existem n vectores próprios linearmente independentes. Se o número de valores próprios distintos é inferior a n, o número de vectores próprios linearmente independentes, associados aos valores próprios, pode ser inferior a n. Neste caso, a matriz A não é diagonalizável.

[20]   Ou seja, vectores de $\mathfrak{R}^n$, linearmente independentes entre si, e dos vectores próprios de A.

$$B_{n \times n} = \begin{bmatrix} \lambda_1 & \mu_{12} & \cdots & \mu_{1n} \\ 0 & \lambda_2 & \cdots & \mu_{2n} \\ \cdots & \cdots & \cdots & \cdots \\ 0 & 0 & \cdots & \lambda_n \end{bmatrix},$$

correspondendo-lhe o sistema

$$\begin{cases} z_1' = \lambda_1 z_1 + \mu_{12} z_2 + \ldots + \mu_{1n} z_n \\ z_2' = \lambda_2 z_2 + \ldots + \mu_{2n} z_n \\ \cdots \\ z_n' = \lambda_n z_n \,. \end{cases}$$

O integral geral sai facilmente da resolução sucessiva das equações, da última até à primeira, introduzindo em cada nova equação as soluções das equações anteriores.

Como referido, em ambos os casos se obtém a solução do sistema homogéneo em y, a partir da relação $y = Vz$. Se, entretanto, o sistema dado não é homogéneo ($b \neq 0$), pode calcular-se o seu integral geral com base na solução geral do sistema homogéneo. Para tal, utiliza-se, vulgarmente, o método da variação das constantes.

A solução geral do sistema homogéneo pode escrever-se na forma genérica

$$y = C_1 f_1 + C_2 f_2 + \ldots + C_n f_n = Fc, \tag{4.10}$$

em que

$$F_{n \times n} = \begin{bmatrix} f_1 & \vdots & f_2 & \vdots & \cdots & \vdots & f_n \\ {}_{n \times 1} & & {}_{n \times 1} & & & & {}_{n \times 1} \end{bmatrix}: \text{matriz fundamental de soluções;}^{[21]}$$

$$c_{n \times 1} = \begin{pmatrix} C_1 & C_2 & \cdots & C_n \end{pmatrix}^T: \text{vector de constantes arbitrárias.}$$

Tomando agora $C_i, i = 1, \ldots, n$, não como constantes mas como funções de x — ou seja, considerando $c = c(x)$ — e derivando (4.10), vem

$$y' = F'c + Fc' = Ay + b \Leftrightarrow Fc' = b, \tag{4.11}$$

---

[21]   A solução geral do sistema linear de n equações, $y' = Ay$, pode escrever-se como combinação linear de n vectores de funções, linearmente independentes, constituindo cada um uma solução particular do sistema. Uma matriz do tipo de F, cujas colunas correspondem a estes vectores, designa-se *matriz fundamental de soluções* (veja-se, por exemplo, Agudo, 1992, § 1.8).

em que c' denota o vector das n derivadas, $C_i'(x), i = 1,...,n$ (note-se que $F'c = Ay$). De (4.11) resulta

$$c' = F^{-1}b,$$

de que se obtêm as n funções $C_i(x), i = 1,...,n$, que, como referido, convertem a solução geral do sistema homogéneo em integral geral do sistema não homogéneo, (4.8).

3.3 Exercícios resolvidos

i. Primeiro método: método simbólico

1.
$$\begin{cases} y'' - z = 0 \\ z'' - y = 0. \end{cases}$$

Resolução: Matricialmente, o sistema pode escrever-se

$$\begin{bmatrix} D^2 & -1 \\ -1 & D^2 \end{bmatrix}\begin{bmatrix} y \\ z \end{bmatrix} = \begin{bmatrix} 0 \\ 0 \end{bmatrix},$$

de que se obtém o seu determinante

$$\Delta(D) = \begin{vmatrix} D^2 & -1 \\ -1 & D^2 \end{vmatrix} = D^4 - 1.$$

O sistema dado equivale

$$\begin{cases} D^4 y - y = 0 \\ D^4 z - z = 0. \end{cases}$$

Resolução das equações do sistema:

Equação característica: $r^4 - 1 = 0 \Leftrightarrow r = \pm 1 \vee r = \pm i$.

Solução geral de cada equação:

$$\begin{cases} y = C_1 e^x + C_2 e^{-x} + C_3 \cos x + C_4 \sin x \\ z = C_5 e^x + C_6 e^{-x} + C_7 \cos x + C_8 \sin x. \end{cases}$$

Introduzindo ambas as expressões na primeira equação do sistema inicial, vem

$$y'' - z = C_1 e^x + C_2 e^{-x} - C_3 \cos x - C_4 \sin x - C_5 e^x - C_6 e^{-x} - C_7 \cos x - C_8 \sin x = 0$$

Sistemas de Equações Diferenciais 139

ou seja, agrupando os termos,

$$(C_1 - C_5)e^x + (C_2 - C_6)e^{-x} + (-C_3 - C_7)\cos x + (-C_4 - C_8)\sin x \Leftrightarrow$$

$$C_5 = C_1 \wedge C_6 = C_2 \wedge C_7 = -C_3 \wedge C_8 = -C_4.$$

Resulta, deste modo, o integral geral do sistema

$$\begin{cases} y = C_1 e^x + C_2 e^{-x} + C_3 \cos x + C_4 \sin x \\ z = C_1 e^x + C_2 e^{-x} - C_3 \cos x - C_4 \sin x. \end{cases}$$ *Resposta.*

2. Determinar as funções $w(t)$, $x(t)$, $y(t)$, que satisfazem o sistema

$$w'' + 2w' + w + 2x' + 3y' = 0 \wedge w' + y = 0 \wedge w - x' - y' = 0.$$

Res.: O sistema pode escrever-se na forma

$$\begin{bmatrix} D^2 + 2D + 1 & 2D & 3D \\ D & 0 & 1 \\ 1 & -D & -D \end{bmatrix} \begin{bmatrix} w \\ x \\ y \end{bmatrix} = \begin{bmatrix} 0 \\ 0 \\ 0 \end{bmatrix},$$

donde

$$\Delta(D) = \begin{vmatrix} D^2 + 2D + 1 & 2D & 3D \\ D & 0 & 1 \\ 1 & -D & -D \end{vmatrix} = D(2D + 3).$$

Logo, o sistema dado equivale a

$$\begin{bmatrix} (2D^2 + 3D)w \\ (2D^2 + 3D)x \\ (2D^2 + 3D)y \end{bmatrix} = \begin{bmatrix} 0 \\ 0 \\ 0 \end{bmatrix}.$$

Resolução das equações individuais:

Equação característica: $2r^2 + 3r = 0 \Leftrightarrow r = 0 \vee r = -3/2$.

Resultam

$$\begin{cases} w = C_1 + C_2 e^{-3t/2} \\ x = C_3 + C_4 e^{-3t/2} \\ y = C_5 + C_6 e^{-3t/2}. \end{cases}$$

Introduzindo estas funções em duas equações do sistema inicial, determinam-se as *duas* constantes arbitrárias independentes, incluídas no integral geral (o sistema é de ordem *dois*). Introduza-se, por exemplo, nas duas primeiras equações; vem

$$\begin{cases} w'' + 2w' + w + 2x' + 3y' = \\ (9/4)C_2 e^{-3t/2} - 3C_2 e^{-3t/2} + C_1 + C_2 e^{-3t/2} - 3C_4 e^{-3t/2} - (9/2)C_6 e^{-3t/2} = 0 \\ w' + y = (-3/2)C_2 e^{-3t/2} + C_5 + C_6 e^{-3t/2} = 0 , \end{cases}$$

o qual conduz a

$$\begin{cases} C_1 = C_5 = 0 \\ C_2/4 - 3C_4 - 9C_6/2 = 0 \\ -3C_2/2 + C_6 = 0 \end{cases} \Leftrightarrow \begin{cases} C_1 = C_5 = 0 \\ C_4 = -13C_2/6 \\ C_6 = 3C_2/2. \end{cases}$$

O integral geral do sistema é, pois, da forma

$$\begin{cases} w = C_2 e^{-3t/2} \\ x = C_3 - (13/6)C_2 e^{-3t/2} \quad Resp.. \\ y = (3/2)C_2 e^{-3t/2} . \end{cases}$$

3.
$$\begin{cases} \dfrac{dz}{dx} - 3z + 2y = x \\ \dfrac{dy}{dx} + 2z = e^x. \end{cases}$$

Res.: Simbolicamente, o sistema pode escrever-se

$$\begin{cases} 2y + (D - 3z) = x \\ Dy + 2z = e^x , \end{cases}$$

a que correspondem

$$\Delta(D) = \begin{vmatrix} 2 & D-3 \\ D & 2 \end{vmatrix} = 4 + 3D - D^2 ,$$

$$\Delta_1 = \begin{vmatrix} x & D-3 \\ e^x & 2 \end{vmatrix} = 2x - (D-3)e^x = 2x - e^x + 3e^x = 2x + 2e^x ,$$

$$\Delta_2 = \begin{vmatrix} 2 & x \\ D & e^x \end{vmatrix} = 2e^x - Dx = 2e^x - 1 .$$

O sistema dado equivale, assim, a

$$\begin{cases} \left(4+3D-D^2\right)y = 2x+2e^x \\ \left(4+3D-D^2\right)z = 2e^x -1 . \end{cases}$$

Resolva-se cada uma destas equações através do método da soma do integral geral da equação homogénea com um integral particular da equação completa (cfr. III.5.2.2.1, primeiro método).

Raízes do polinómio característico: $r^2 +3r+4 = 0 \Leftrightarrow r = -1 \vee r = 4$.

Soluções gerais das equações homogéneas:

$$\begin{cases} y = C_1 e^{-x} + C_2 e^{4x} \\ z = C_3 e^{-x} + C_4 e^{4x}. \end{cases}$$

Substituindo na equação homogénea correspondente à primeira equação, sai

$$\frac{dz}{dx} - 3z + 2y = 0 \Leftrightarrow$$

$$-C_3 e^{-x} + 4C_4 e^{4x} - 3C_3 e^{-x} - 3C_4 e^{4x} + 2C_1 e^{-x} + 2C_2 e^{4x} = 0 \Leftrightarrow$$

$$e^{-x}\left(-4C_3 + 2C_1\right) + e^{4x}\left(C_4 + 2C_2\right) = 0 \Leftrightarrow C_3 = C_1/2 \wedge C_4 = -2C_2 .$$

Resulta, assim, o integral geral do sistema homogéneo correspondente

$$\begin{cases} y = C_1 e^{-x} + C_2 e^{4x} \\ z = C_1 e^{-x}/2 - 2C_2 e^{4x}. \end{cases}$$

Integral particular de cada equação:

Primeira equação:

$$\left(4+3D-D^2\right)y = 2x+2e^x \Rightarrow y_{PC} = Ax + B + Ce^x \Rightarrow$$

$$Dy = A + Ce^x \Rightarrow D^2 y = Ce^x ;$$

$$\left(4+3D-D^2\right)y = 2x+2e^x \Leftrightarrow -Ce^x + 3A + 3Ce^x + 4Ax + 4B + 4Ce^x = 2x + 2e^x \Leftrightarrow$$

$$A = 1/2 \wedge B = -3/8 \wedge C = 1/3 .$$

Segunda equação:

$$\left(4+3D-D^2\right)z = 2e^x -1 \Rightarrow z_{PC} = A + Be^x \Rightarrow Dz = Be^x = D^2 z ;$$

$$\left(4+3D-D^2\right)z = 2e^x -1 \Leftrightarrow -Be^x + 3Be^x + 4A + 4Be^x = 2e^x -1 \Leftrightarrow$$

$$A = -1/4 \wedge B = 1/3 .$$

142 *Equações Diferenciais Ordinárias*

Reunindo resultados, pode escrever-se a solução geral pretendida

$$\begin{cases} y = C_1 e^{-x} + C_2 e^{4x} + x/2 - 3/8 + e^x/3 \\ z = C_1 e^{-x}/2 - 2C_2 e^{4x} - 1/4 + e^x/3. \end{cases} \qquad Resp..$$

4.
$$\begin{cases} \dfrac{d^2 y}{dx^2} + 3y + \dfrac{dz}{dx} - z = x \\[2mm] -\dfrac{dy}{dx} - 9y + \dfrac{dz}{dx} + 5z = 0. \end{cases}$$

Res.: Ao sistema correspondem os determinantes

$$\Delta(D) = \begin{vmatrix} D^2 + 3 & D - 1 \\ -D - 9 & D + 5 \end{vmatrix} = (D+1)(D+2)(D+3),$$

$$\Delta_1 = \begin{vmatrix} x & D - 1 \\ 0 & D + 5 \end{vmatrix} = (D+5)x,$$

$$\Delta_2 = \begin{vmatrix} D^2 + 3 & x \\ -D - 9 & 0 \end{vmatrix} = (D+9)x.$$

A regra de Cramer conduz a

$$\begin{cases} y = \dfrac{(D+5)x}{(D+1)(D+2)(D+3)} \\[4mm] z = \dfrac{(D+9)x}{(D+1)(D+2)(D+3)}. \end{cases}$$

Integre-se cada equação através da técnica da factorização dos operadores. Da aplicação do método dos coeficientes indeterminados, resulta

$$\frac{(D+5)x}{(D+1)(D+2)(D+3)} = \left(\frac{2}{D+1} + \frac{-3}{D+2} + \frac{1}{D+3} \right) x,$$

$$\frac{(D+9)x}{(D+1)(D+2)(D+3)} = \left(\frac{4}{D+1} + \frac{-7}{D+2} + \frac{3}{D+3} \right) x.$$

Deste modo, aplicando a regra de integração referida em (3.39) – (3.40), vêm

$$y = \frac{2}{D+1} x + \frac{-3}{D+2} x + \frac{1}{D+3} x =$$

$$2C_1 e^{-x} + 2(x-1) - 3C_2 e^{-2x} - \frac{3}{2}(x-1/2) + C_3 e^{-3x} + \frac{1}{3}(x-1/3) =$$

$$2C_1 e^{-x} - 3C_2 e^{-2x} + C_3 e^{-3x} + 5x/6 - 49/36 \, ;$$

$$z = \frac{4}{D+1} x + \frac{-7}{D+2} x + \frac{3}{D+3} x =$$

$$4C_4 e^{-x} + 4(x-1) - 7C_5 e^{-2x} - 7(x-1/2)/2 + 3C_6 e^{-3x} + x - 1/3 =$$

$$4C_4 e^{-x} - 7C_5 e^{-2x} + 3C_6 e^{-3x} + 3x/2 - 31/12 \, .$$

Substituindo y e z na segunda equação, por exemplo, sai

$$-dy/dx - 9y + dz/dx + 5z = 0 \Leftrightarrow$$

$$-16(C_1 - C_4)e^{-x} + 21(C_2 - C_5)e^{-2x} - 6(C_3 - C_6)e^{-3x} = 0 \Leftrightarrow$$

$$C_1 = C_4 \wedge C_2 = C_5 \wedge C_3 = C_6 \, .$$

O integral geral do sistema pode, portanto, escrever-se na forma

$$\begin{cases} y = 2C_1 e^{-x} - 3C_2 e^{-2x} + C_3 e^{-3x} + 5x/6 - 49/36 \\ z = 4C_1 e^{-x} - 7C_2 e^{-2x} + 3C_3 e^{-3x} + 3x/2 - 31/12. \end{cases} \qquad \textit{Resp..}$$

ii. Segundo método: aplicação da álgebra linear a sistemas lineares normais

5.
$$\begin{cases} y_1' = y_1 + 8y_2 + x \\ y_2' = y_1 + 3y_2 + e^x \, . \end{cases}$$

Res.: Matricialmente, pode escrever-se

$$\begin{bmatrix} y_1' \\ y_2' \end{bmatrix} = \begin{bmatrix} 1 & 8 \\ 1 & 3 \end{bmatrix} \begin{bmatrix} y_1 \\ y_2 \end{bmatrix} + \begin{bmatrix} x \\ e^x \end{bmatrix}.$$

Valores/vectores próprios da matriz A dos coeficientes das variáveis dependentes:

$$|A - \lambda I| = 0 \Leftrightarrow \begin{vmatrix} 1-\lambda & 8 \\ 1 & 3-\lambda \end{vmatrix} = 0 \Leftrightarrow \lambda^2 - 4\lambda - 5 = 0 \Leftrightarrow \lambda = 5 \vee \lambda = -1.$$

$$\lambda = 5: \begin{bmatrix} 1-5 & 8 \\ 1 & 3-5 \end{bmatrix} \begin{bmatrix} x_1 \\ x_2 \end{bmatrix} = \begin{bmatrix} -4 & 8 \\ 1 & -2 \end{bmatrix} \begin{bmatrix} x_1 \\ x_2 \end{bmatrix} = \begin{bmatrix} 0 \\ 0 \end{bmatrix} \Leftrightarrow x_1 = 2x_2 \, ;$$

fazendo $x_2 = 1$, resulta o vector próprio

$$v_1 = \begin{bmatrix} 2 \\ 1 \end{bmatrix}.$$

$$\lambda = -1: \begin{bmatrix} 1-(-1) & 8 \\ 1 & 3-(-1) \end{bmatrix} \begin{bmatrix} x_1 \\ x_2 \end{bmatrix} = \begin{bmatrix} 2 & 8 \\ 1 & 4 \end{bmatrix} \begin{bmatrix} x_1 \\ x_2 \end{bmatrix} = \begin{bmatrix} 0 \\ 0 \end{bmatrix} \Leftrightarrow x_1 = -4x_2 ;$$

donde

$$v_2 = \begin{bmatrix} -4 \\ 1 \end{bmatrix}.$$

A matriz V, que permite diagonalizar A, vem igual a

$$V = \begin{bmatrix} v_1 & v_2 \end{bmatrix} = \begin{bmatrix} 2 & -4 \\ 1 & 1 \end{bmatrix},$$

de que resulta

$$V^{-1} = \frac{1}{6} \begin{bmatrix} 1 & 4 \\ -1 & 2 \end{bmatrix}.$$

O sistema homogéneo transformado, linear em z_1 e z_2, é da forma

$$z' = \begin{bmatrix} z_1' \\ z_2' \end{bmatrix} = \begin{bmatrix} 5 & 0 \\ 0 & -1 \end{bmatrix} \begin{bmatrix} z_1 \\ z_2 \end{bmatrix},$$

em que $y = Vz$ e a matriz diagonal do sistema sai de $V^{-1}AV$. A solução geral é da forma

$$z = \begin{bmatrix} C_1 e^{5x} \\ C_2 e^{-x} \end{bmatrix},$$

de que se obtém o integral geral do sistema homogéneo

$$y = Vz = \begin{bmatrix} 2 & -4 \\ 1 & 1 \end{bmatrix} \begin{bmatrix} C_1 e^{5x} \\ C_2 e^{-x} \end{bmatrix} = \begin{bmatrix} 2C_1 e^{5x} - 4C_2 e^{-x} \\ C_1 e^{5x} + C_2 e^{-x} \end{bmatrix} = \begin{bmatrix} 2e^{5x} & -4e^{-x} \\ e^{5x} & e^{-x} \end{bmatrix} \begin{bmatrix} C_1 \\ C_2 \end{bmatrix} = Fc ;$$

de acordo com (4.10), F e c designam, respectivamente, a matriz fundamental de soluções do sistema homogéneo e o vector coluna das constantes arbitrárias. Considerando $c = c(x)$ e derivando em ordem a x, vem

$$y' = F'c + Fc' \Leftrightarrow Fc' = \begin{bmatrix} 2C_1'e^{5x} - 4C_2'e^{-x} \\ C_1'e^{5x} + C_2'e^{-x} \end{bmatrix} = \begin{bmatrix} x \\ e^x \end{bmatrix}.$$

A aplicação da regra de Cramer conduz a

$$C_1' = \frac{\begin{vmatrix} x & -4e^{-x} \\ e^x & e^{-x} \end{vmatrix}}{\begin{vmatrix} 2e^{5x} & -4e^{-x} \\ e^{5x} & e^{-x} \end{vmatrix}} = \frac{1}{6}xe^{-5x} + \frac{2}{3}e^{-4x} \wedge C_2' = \frac{\begin{vmatrix} 2e^{5x} & x \\ e^{5x} & e^x \end{vmatrix}}{\begin{vmatrix} 2e^{5x} & -4e^{-x} \\ e^{5x} & e^{-x} \end{vmatrix}} = \frac{-1}{6}xe^x + \frac{1}{3}e^{2x}.$$

Da integração destas funções resulta

$$C_1 = e^{-5x}\left(\frac{-x}{30} - \frac{1}{150}\right) - \frac{1}{6}e^{-4x} + k_1 \wedge C_2 = e^x\left(\frac{-x}{6} + \frac{1}{6}\right) + \frac{1}{6}e^{2x} + k_2.$$

Substituindo no integral do sistema homogéneo, obtém-se a solução geral do sistema inicial

$$y = \begin{bmatrix} 2C_1 e^{5x} - 4C_2 e^{-x} \\ C_1 e^{5x} + C_2 e^{-x} \end{bmatrix} = \begin{bmatrix} 2k_1 e^{5x} - 4k_2 e^{-x} - e^x + \dfrac{3x}{5} - \dfrac{17}{25} \\ k_1 e^{5x} + k_2 e^{-x} - \dfrac{x}{5} + \dfrac{4}{25} \end{bmatrix}. \quad Resp..$$

6. $$\begin{bmatrix} y_1' \\ y_2' \\ y_3' \end{bmatrix} = \begin{bmatrix} 0 & -1 & 1 \\ 1 & 0 & -1 \\ -1 & 1 & 0 \end{bmatrix}\begin{bmatrix} y_1 \\ y_2 \\ y_3 \end{bmatrix}.$$

Res.: Valores e vectores próprios da matriz A:

$$|A - \lambda I| = 0 \Leftrightarrow \begin{vmatrix} -\lambda & -1 & 1 \\ 1 & -\lambda & -1 \\ -1 & 1 & -\lambda \end{vmatrix} = 0 \Leftrightarrow \lambda^3 + 3\lambda = 0 \Leftrightarrow \lambda = 0 \vee \lambda = \pm\sqrt{3}\,i.$$

$$\lambda = 0: \begin{bmatrix} 0 & -1 & 1 \\ 1 & 0 & -1 \\ -1 & 1 & 0 \end{bmatrix}\begin{bmatrix} x_1 \\ x_2 \\ x_3 \end{bmatrix} = \begin{bmatrix} 0 \\ 0 \\ 0 \end{bmatrix} \Leftrightarrow \begin{cases} x_2 = x_3 \\ x_1 = x_3 \end{cases}.$$

Fazendo $x_1 = 1$, resulta o vector próprio

$$v_1 = \begin{bmatrix} 1 \\ 1 \\ 1 \end{bmatrix}.$$

$$\lambda = \sqrt{3}i: \begin{bmatrix} -\sqrt{3}i & -1 & 1 \\ 1 & -\sqrt{3}i & -1 \\ -1 & 1 & -\sqrt{3}i \end{bmatrix}\begin{bmatrix} x_1 \\ x_2 \\ x_3 \end{bmatrix} = \begin{bmatrix} 0 \\ 0 \\ 0 \end{bmatrix} \Leftrightarrow \begin{cases} x_2 = \dfrac{-1+\sqrt{3}i}{2}x_3 \\ x_1 = \dfrac{-1-\sqrt{3}i}{2}x_3 \end{cases}.$$

Considerando, por exemplo, $x_3 = 2$, vem

$$v_2 = \begin{bmatrix} -1 - \sqrt{3}i \\ -1 + \sqrt{3}i \\ 2 \end{bmatrix}.$$

$$\lambda = -\sqrt{3}i : \begin{bmatrix} \sqrt{3}i & -1 & 1 \\ 1 & \sqrt{3}i & -1 \\ -1 & 1 & \sqrt{3}i \end{bmatrix} \begin{bmatrix} x_1 \\ x_2 \\ x_3 \end{bmatrix} = \begin{bmatrix} 0 \\ 0 \\ 0 \end{bmatrix} \Leftrightarrow \begin{cases} x_2 = \dfrac{-1 - \sqrt{3}i}{2} x_3 \\ x_1 = \dfrac{-1 + \sqrt{3}i}{2} x_3 \end{cases}.$$

Considerando $x_3 = 2$, vem

$$v_3 = \begin{bmatrix} -1 + \sqrt{3}i \\ -1 - \sqrt{3}i \\ 2 \end{bmatrix}.$$

A matriz V, que permite diagonalizar A, vem igual a

$$V = \begin{bmatrix} v_1 & v_2 & v_3 \end{bmatrix} = \begin{bmatrix} 1 & -1 - \sqrt{3}i & -1 + \sqrt{3}i \\ 1 & -1 + \sqrt{3}i & -1 - \sqrt{3}i \\ 1 & 2 & 2 \end{bmatrix},$$

de que resulta o sistema transformado homogéneo

$$\begin{bmatrix} z_1' \\ z_2' \\ z_3' \end{bmatrix} = \begin{bmatrix} 0 & 0 & 0 \\ 0 & \sqrt{3}i & 0 \\ 0 & 0 & -\sqrt{3}i \end{bmatrix} \begin{bmatrix} z_1 \\ z_2 \\ z_3 \end{bmatrix},$$

cuja solução geral é da forma

$$\begin{bmatrix} z_1 \\ z_2 \\ z_3 \end{bmatrix} = \begin{bmatrix} C_1 \\ C_2 \operatorname{cis}\left(\sqrt{3}x\right) \\ C_3 \operatorname{cis}\left(-\sqrt{3}x\right) \end{bmatrix}.$$

Pode, pois, escrever-se

$$y = Vz = \begin{bmatrix} 1 & -1 - \sqrt{3}i & -1 + \sqrt{3}i \\ 1 & -1 + \sqrt{3}i & -1 - \sqrt{3}i \\ 1 & 2 & 2 \end{bmatrix} z =$$

$$\begin{bmatrix} 1 & \text{cis}(-2\pi/3) & \text{cis}(2\pi/3) \\ 1 & \text{cis}(2\pi/3) & \text{cis}(-2\pi/3) \\ 1 & 2 & 2 \end{bmatrix} \begin{bmatrix} C_1 \\ C_2\text{cis}(\sqrt{3}x) \\ C_3\text{cis}(-\sqrt{3}x) \end{bmatrix} =$$

$$\begin{bmatrix} C_1 + C_2\text{cis}\left(\dfrac{-2\pi}{3} + \sqrt{3}x\right) + C_3\text{cis}\left(\dfrac{2\pi}{3} - \sqrt{3}x\right) \\[2mm] C_1 + C_2\text{cis}\left(\dfrac{2\pi}{3} + \sqrt{3}x\right) + C_3\text{cis}\left(\dfrac{-2\pi}{3} - \sqrt{3}x\right) \\[2mm] C_1 + 2C_2\text{cis}(\sqrt{3}x) + 2C_3\text{cis}(-\sqrt{3}x) \end{bmatrix}.$$

Estas expressões equivalem a

$$y = \begin{bmatrix} C_1 + (C_2{+}C_3)\cos\left(\sqrt{3}x - \dfrac{2\pi}{3}\right) + i(C_2 - C_3)\sin\left(\sqrt{3}x - \dfrac{2\pi}{3}\right) \\[2mm] C_1 + (C_2{+}C_3)\cos\left(\sqrt{3}x + \dfrac{2\pi}{3}\right) + i(C_2 - C_3)\sin\left(\sqrt{3}x + \dfrac{2\pi}{3}\right) \\[2mm] C_1 + 2(C_2{+}C_3)\cos(\sqrt{3}x) + 2i(C_2 - C_3)\sin(\sqrt{3}x) \end{bmatrix} =$$

$$\begin{bmatrix} k_1 + k_2\cos\left(\sqrt{3}x - \dfrac{2\pi}{3}\right) + k_3\sin\left(\sqrt{3}x - \dfrac{2\pi}{3}\right) \\[2mm] k_1 + k_2\cos\left(\sqrt{3}x + \dfrac{2\pi}{3}\right) + k_3\sin\left(\sqrt{3}x + \dfrac{2\pi}{3}\right) \\[2mm] k_1 + 2k_2\cos(\sqrt{3}x) + 2k_3\sin(\sqrt{3}x) \end{bmatrix}. \quad Resp..$$

7.
$$\begin{cases} y_1' = y_1 - 2y_2 \\ y_2' = 2y_1 - 3y_2 \end{cases}$$

Res.: Matricialmente, pode escrever-se

$$\begin{bmatrix} y_1' \\ y_2' \end{bmatrix} = \begin{bmatrix} 1 & -2 \\ 2 & -3 \end{bmatrix} \begin{bmatrix} y_1 \\ y_2 \end{bmatrix}.$$

Valores/vectores próprios da matriz A dos coeficientes das variáveis de

$$|A - \lambda I| = 0 \iff \begin{vmatrix} 1-\lambda & -2 \\ 2 & -3-\lambda \end{vmatrix} = 0 \iff \lambda^2 + 2\lambda + 1 = 0 \iff \lambda = -1\,(\text{dupl}$$

$$\lambda = -1: \begin{bmatrix} 1-(-1) & -2 \\ 2 & -3-(-1) \end{bmatrix} \begin{bmatrix} x_1 \\ x_2 \end{bmatrix} = \begin{bmatrix} 2 & -2 \\ 2 & -2 \end{bmatrix} \begin{bmatrix} x_1 \\ x_2 \end{bmatrix} = \begin{bmatrix} 0 \\ 0 \end{bmatrix} \iff x_1 = x_2;$$

donde, considerando $x_1 = x_2 = 1$, resulta o vector próprio

$$v_1 = \begin{bmatrix} 1 \\ 1 \end{bmatrix}.$$

Torna-se necessário determinar outro vector v_2, linearmente independente de v_1;

$$v_2 = \begin{bmatrix} a \\ b \end{bmatrix} : |v_1 \quad v_2| \neq 0 \Leftrightarrow \begin{vmatrix} 1 & a \\ 1 & b \end{vmatrix} = b - a \neq 0 \Leftrightarrow b \neq a;$$

seja, por exemplo, $v_2 = \begin{bmatrix} -1 & 1 \end{bmatrix}^T$. A matriz V, que permite diagonalizar A, vem

$$V = \begin{bmatrix} v_1 & v_2 \end{bmatrix} = \begin{bmatrix} 1 & -1 \\ 1 & 1 \end{bmatrix},$$

de que resulta

$$V^{-1} = \frac{1}{2}\begin{bmatrix} 1 & 1 \\ -1 & 1 \end{bmatrix}.$$

Transformando A por meio destas matrizes, obtém-se

$$B = V^{-1}AV = \begin{bmatrix} -1 & -4 \\ 0 & -1 \end{bmatrix}.$$

Deste modo, o sistema linear em z é da forma

$$\begin{cases} z_1' = -z_1 - 4z_2 \\ z_2' = -z_2 \end{cases}$$

cuja solução vem

$$\begin{cases} z_1' = -z_1 - 4z_2 \\ z_2 = C_2 e^{-x} \end{cases} \Leftrightarrow \begin{cases} z_1' = -z_1 - 4C_2 e^{-x} \text{ (eq. linear em } z) \\ z_2 = C_2 e^{-x} \end{cases} \Leftrightarrow \begin{cases} z_1 = e^{-x}\left(C_1 - 4C_2 x\right) \\ z_2 = C_2 e^{-x} \end{cases}.$$

A partir deste obtém-se, por fim, o integral geral da equação inicial

$$y = Vz = \begin{bmatrix} 1 & -1 \\ 1 & 1 \end{bmatrix}\begin{bmatrix} e^{-x}\left(C_1 - 4C_2 x\right) \\ C_2 e^{-x} \end{bmatrix} = \begin{bmatrix} \left(C_1 - C_2 - 4C_2 x\right)e^{-x} \\ \left(C_1 + C_2 - 4C_2 x\right)e^{-x} \end{bmatrix}. \quad \textit{Resp..}$$

Exercícios propostos

1. $\begin{cases} y' - z = 0 \\ z' + y = 0 \, . \end{cases}$

2. Determinar a solução particular do sistema seguinte, verifica as condições $y(0) = z(0) = 1$:

$$\begin{cases} \dfrac{dy}{dx} = 6z - 3y \\[2mm] \dfrac{dz}{dx} = 4z - 2y \end{cases}$$

3. $\begin{bmatrix} 3D-7 & 5D-11 \\ 2D-5 & 3D-7 \end{bmatrix} \begin{bmatrix} y \\ z \end{bmatrix} = \mathbf{0} \, .$

4. $7\dfrac{dz}{dx} + \dfrac{dy}{dx} + 2z = \dfrac{dz}{dx} + 3\dfrac{dy}{dx} + y = 0 \, .$

5. Considere o sistema $dx/dt + z = -x + dy/dt = dy/dt + dz/dt = 0$. Determine o seu integral particular, que verifica $x(0) = 2$, $y(0) = 1$, $z(0) = 0$.

6. Relativamente aos exercícios **1 – 4,** integrar os correspondentes sistemas lineares não homogéneos, considerando para membro direito de cada sistema, respectivamente, os seguintes vectores:

$$1 \begin{bmatrix} \cos 2x \\ \sin 2x \end{bmatrix} \qquad 2 \begin{bmatrix} e^{-x} \\ e^{x} \end{bmatrix} . \qquad 3 \begin{bmatrix} e^{x} \\ e^{2x} \end{bmatrix} . \qquad 4 \begin{bmatrix} 30 \\ 0 \end{bmatrix} .$$

7. Determine o integral particular do sistema 4, referido na pergunta anterior, que verifica as condições $y(0) = z(0) = 0$.

8. Calcular a solução particular do sistema

$$\begin{cases} 5z'' + y' + 2z = 4\cos x \\ 3z' + y = 8x\cos x \, , \end{cases}$$

que verifica $z(0) = 1$, $z'(0) = 0$.

V APLICAÇÕES

O presente número ilustra a aplicação, em diversos contextos, de vários tipos de equações diferenciais descritos nos números anteriores. Os exemplos incluem a utilização da equação de variáveis separáveis, equação linear de primeira ordem e ordem superior, diferencial total exacta, equação não resolvida de primeira ordem e sistemas de equações diferenciais. O conjunto de aplicações expostas não visa, obviamente, ser exaustivo – tal fim está, de todo, fora do âmbito de um texto de cariz introdutório. Pretende-se antes, mediante alguns exemplos, escolhidos de entre muitas alternativas na literatura, exemplificar a utilização de equações diferenciais em diversas situações concretas e, na mesma medida, suscitar o interesse por um estudo mais fecundo do tema.

1 JUROS COMPOSTOS CONTINUAMENTE

Pretende-se determinar o montante, $S(t)$, acumulado ao fim de t anos, quando se investe uma quantia, P, à taxa de juro anual r, composta continuamente. Recorde-se que, nestas circunstâncias, a taxa de crescimento do montante acumulado é proporcional ao capital acumulado em cada instante, isto é,

$$\frac{dS}{dt} = rS.$$

A solução geral desta equação diferencial de variáveis separáveis vem

$$S = Ce^{rt}, \ C > 0.$$

Dada a condição inicial $S(0) = P$, resulta a solução particular

$$S = Pe^{rt},$$

que traduz um crescimento exponencial de S para um montante P inicialmente investido nas condições descritas. A Figura 1 apresenta simulações para a variação de $S(t)$ ao longo de vinte anos, com $r = 7\%$ e $P = 50, 100, 200, 300, 400$.

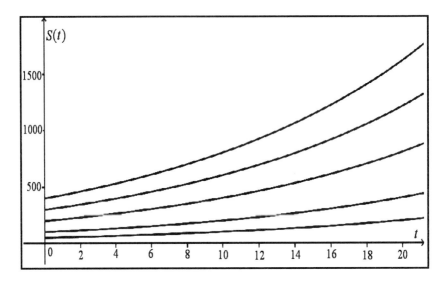

Figura 1
Juro composto: capital acumulado após *t* anos

Para esta taxa de juro, pode-se, por exemplo, colocar a questão de saber ao fim de quantos anos o investimento inicial quadruplica. Trata-se de determinar o menor valor de t para o qual $4P \leq Pe^{0,07t}$. Dado que $P > 0$, isto equivale a $4 \leq e^{0,07t}$ ou seja,

$$t \geq (\log 4)/0,07 \approx 19,8 \,(\text{anos}).$$

Assim, o montante acumulado é multiplicado por um factor ligeiramente superior a quatro em vinte anos (como se pode apreciar na Figura 1).

2 MODELOS DEMOGRÁFICOS: EQUAÇÃO DIFERENCIAL LOGÍSTICA[22]

T. R. Malthus (1766-1834) postulou que a taxa de variação de uma população em relação ao tempo é proporcional ao volume populacional, isto é,

$$\frac{dN(t)}{dt} = kN(t),$$ (5.1)

em que $N(t)$ denota a população no instante t e k é uma constante de proporcionalidade. Para uma população inicial $N(0) = N_0$, vem a solução da equação de variáveis separáveis (5.1)

$$N(t) = N_0 e^{kt}.$$

Exemplo 1

Um grupo de alunos pretende estudar a evolução da população estudantil frequentando o ensino superior em determinado país. Observando, em determinado período de tempo, um crescente número de cursos e algum aumento do número de vagas e constatando, por outro lado, que o número de alunos que ingressam no ensino superior é inferior ao dos que se formam em cada ano, o grupo formulou a hipótese de que a taxa de crescimento da população estudantil é proporcional ao número de estudantes existente em cada instante t. Adicionalmente, considerou uma taxa constante, C, representando os estudantes vindos de outros países através de contingentes especiais. Sob esta hipótese, a população $x(t)$ satisfaz em cada instante a equação

$$\frac{dx(t)}{dt} = kx(t) + C,$$

em que k denota a constante de proporcionalidade (k e C positivos). Resolva-se esta equação diferencial. Vem

$$\frac{1}{kx + C} dx = dt,$$

---

[22] A presente exposição é uma adaptação de Shulman (1997).

de que resulta

$$\frac{1}{k}\ln(kx+C)=t+D \Leftrightarrow kx+C=e^{kt}e^{kD}, \ D\in\Re.$$

Considerando $E=e^{kD}\in\Re^{+}$, vem

$$x=-\frac{C}{k}+\frac{E}{k}e^{kt}, \ E\in\Re^{+}.$$

Para um valor inicial $x(0)=x_0$ alunos (correspondente ao número de estudantes do ensino superior no ano de início do estudo), resulta

$$x_0=\frac{-C+E}{k} \Leftrightarrow E=C+kx_0.$$

Deste modo,

$$x(t)=-\frac{C}{k}+\frac{C+kx_0}{k}e^{kt}.$$

Tomando $k=0,1$, $C=30$, $x_0=3000$, vem

$$x(t)=-300+3300e^{0,1t},$$

o que significa que a população duplica após 6 anos e quase triplica após 10 anos.   #

Uma crítica óbvia ao modelo preconizado no exemplo anterior, consiste no facto de este não considerar restrições logísticas, as quais impedem um crescimento ilimitado da população estudantil. De facto, constata-se que o crescimento exponencial das populações (humanas ou outras) previsto pela lei de Malthus (também conhecida por *Lei do crescimento das populações*) não parece modelizar com muita fidelidade fenómenos cuja própria natureza leva a uma limitação desse crescimento. Para populações cujo crescimento está sujeito a limitações, devido a factores associados a restrições logísticas ou naturais, como a escassez de alimento ou água, pode modelizar--se o respectivo efectivo em cada instante t mediante uma equação de crescimento limitado da forma

$$\frac{dx(t)}{dt}=k\left[M-x(t)\right], \tag{5.2}$$

em que M denota a dimensão máxima da população, $x(t)$ a dimensão da população no instante t e k a constante de proporcionalidade. Neste modelo, a taxa de crescimento da população é proporcional à diferença entre as dimensões máxima e actual da população.

Exemplo 2

Se uma reserva de elefantes africanos pode manter uma manada de 600 elefantes e tem actualmente uma manada de 250, crescendo anualmente a uma taxa exponencial de 12% (em relação a $(M-x)$), qual será a dimensão da manada daqui a 10 anos?

Para responder à questão, resolva-se a equação (5.2), de variáveis separáveis.

$$\frac{1}{M-x}dx = kdt,$$

de que resulta

$$-\log(M-x) = kt + \log C \Leftrightarrow \frac{1}{M-x} = Ce^{kt}$$

ou ainda $x = M - De^{kt}$, com $D = 1/C$. Dos dados fornecidos, vem

$$x(t) = 600 - De^{-0,12t}, D \in \Re^+.$$

Como $x(0) = 250$, após substituição na solução geral obtém-se $D = 350$. Logo, $x(t) = 600 - 350e^{-0,12t}$. Ao fim de 10 anos, tem-se $x(10) = 600 - 350e^{-1,2} \approx 313$.   #

Finalmente, Verhulst (1840) viria a propor um modelo mais completo que considerava o tecto populacional e, em certa medida, uma taxa de crescimento proporcional ao efectivo populacional. Refere-se, então, a *equação diferencial logística*

$$\frac{dy}{dt} = ky\left(L - \frac{y}{L}\right), \ k, L > 0, \tag{5.3}$$

em que k denota uma constante de proporcionalidade e L uma constante designada *capacidade de carga do meio ambiente* ou *capacidade sustentável*, que traduz o número máximo de indivíduos da população dados os recursos disponíveis. Uma população que satisfaz (5.3) tem um crescimento limitado, aproximando-se da capacidade sustentável à medida que t cresce. Da equação deduz-se que, se $0 < y(t) < L$, $dy/dt < 0$ e a população cresce. Se $y(t) > L$, então $dy/dt > 0$ e a população tenderá a descrescer (isto é, a sobre-densidade populacional inibe o crescimento). A curva representativa da relação entre y e t, representada na Figura 2, designa-se *curva logística*.

Resolva-se a equação (5.3). Separando as variáveis, vem

$$\frac{L}{y(L-y)}dy = kdt,$$

de que resulta

$$\int \frac{L}{y(L-y)}dy = \int kdt + \log C \Leftrightarrow \log\left(\frac{y}{L-y}\right) = kt + \log C \Leftrightarrow$$

$$\frac{y}{L-y} = Ce^{kt}.$$

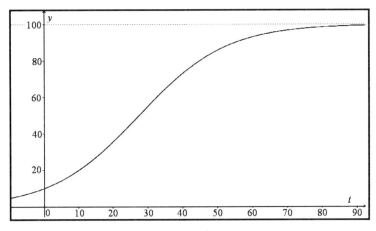

Figura 2
Curva logística

Explicitando a equação em ordem a y, vem, sucessivamente,

$$y(1+Ce^{kt}) = LCe^{kt} \Leftrightarrow y = \frac{LCe^{kt}}{1+Ce^{kt}} = \frac{L}{1+be^{-kt}}, b = \frac{1}{C}.$$

Assim, a solução geral da equação logística geral vem dada por

$$y(t) = \frac{L}{1+be^{-kt}}, b \in \Re.$$

Note-se que, se $k > 0$, $\lim_{t \to \infty} y(t) = L$, a capacidade sustentável da população.

Já em 1920, Pearl e Reed viriam a estabelecer as condições necessárias para que uma função descreva adequadamente o crescimento populacional numa área limitada. Segundo estes autores, uma tal função $y(t)$ deve obedecer às seguintes condições:

(*i*)   Crescer assintoticamente para a recta $y = k$ quando $t \to +\infty$.

(*ii*)   Decrescer assintoticamente para a recta $y = 0$ quando $t \to -\infty$.

(*iii*)   Apresentar um ponto de inflexão em $(t,y) \equiv (\alpha, \beta)$, sendo convexa (côncava) à esquerda (direita) de $t = \alpha$.

Exemplo 3

Devido a um incêndio florestal, excesso de caça e doenças diversas, a população de coelhos da Tapada de Mafra extinguiu-se. Num determinado ano, reintroduziu-se vinte indivíduos da espécie, estimando-se que a capacidade sustentável do Parque Natural da Tapada de Mafra seja de dez mil coelhos. Passados cinco anos, verificou-se que o número aproximado de coelhos era já de duzentos indivíduos. A taxa de crescimento da população p de coelhos verifica a equação

$$\frac{dp}{dt} = kp\left(1 - \frac{p}{10000}\right), \; k > 0, \; 0 \le p \le 10000,$$

em que t se mede em anos. Esta equação diferencial admite como solução geral

$$p(t) = 10000/\left(1 + be^{-kt}\right).$$

Da condição inicial $p(0) = 20$, resulta $b = 499$, de que se obtém

$$p(t) = 10000/\left(1 + 499e^{-kt}\right).$$

Por outro lado, de $p(5) = 200$, vem

$$200 = \frac{10000}{1 + 499e^{-5t}} \Leftrightarrow k = \frac{1}{5}\log\left(\frac{499}{49}\right) \approx 0{,}464.$$

Deste modo, pode escrever-se a solução particular da equação,

$$p(t) = 10000/\left(1 + 499e^{-0,464t}\right).$$

Após 15 anos a população de coelhos será $p(15) \approx 6786$. Como se observa, $\lim_{t \to \infty} y(t) = 10000$, o que confirma o que acima se referiu.   #

3 DIFUSÃO DE INOVAÇÕES TECNOLÓGICAS

O presente modelo procura responder à seguinte questão: uma vez aplicada por uma empresa uma determinada inovação tecnológica, quanto tempo decorre até que esta se generalize a outras empresas do ramo? Para responder a esta pergunta, deve conhecer-se os factores relevantes que determinam a velocidade de difusão de uma dada inovação. A resposta àquela pergunta é de vital importância para economistas, sociólogos e, em última instância, para governantes. Aborda-se, a título ilustrativo, um exemplo relativo à introdução de uma melhoria tecnológica numa comunidade agrícola.

Admita-se que, num universo de N produtores de azeitona, se introduz, em dado momento $t = 0$, a apanha mecânica da azeitona. Seja $x(t)$ o número de agricultores que adoptam tal inovação até ao instante t. Claramente, x assume valores inteiros e, eventualmente, o mesmo acontece com t. Contudo, adopta-se aqui uma aproximação mediante uma função contínua do tempo. Parece razoável supor que um dado agricultor apenas adopta a inovação se alguém o aconselha, se recebe algum subsídio para tal ou se verifica que a concorrência obtém melhores rendimentos após a referida alteração. Assim, assume-se que o número de agricultores, Δx, que adoptam a inovação num curto intervalo de tempo, Δt, é, simultaneamente, proporcional a

(*i*)   número de agricultores, $x(t)$, que já adoptaram a inovação;

(*ii*)   número de agricultores, $N - x(t)$, que ainda não adoptaram a inovação.

Deste modo,

$$\Delta x = ax(N - x)\Delta t, \tag{5.4}$$

em que a denota uma constante positiva. Dividindo ambos os membros por Δt e tomando limites quando $\Delta t \to 0$, vem

$$\frac{dx}{dt} = ax(N - x).$$

Claramente, trata-se de uma versão da equação logística, cuja solução, admitindo $x(0) = 1$, vem dada por

$$x = \frac{Ne^{aNt}}{N - 1 + e^{aNt}}$$

(deixa-se a sua dedução como exercício). Assim, a representação gráfica da função que constitui solução do problema é uma curva logística.

A publicidade, sobretudo nos primeiros tempos após o surgir de uma inovação, constitui um factor altamente relevante da sua adopção. No caso descrito, admita-se que, num curto período, Δt, o número de agricultores influenciados pelos *media*, no sentido da adopção da apanha mecânica de azeitona, é proporcional ao número dos que ainda não o fizeram; seja $b(N-x)\Delta t$ este número $(b > 0)$. Em vez de (5.4), vem agora

$$\Delta x = ax(N-x)\Delta t + b(N-x)\Delta t .$$

Procedendo do mesmo modo, obtém-se a equação diferencial

$$\frac{dx}{dt} = ax(N-x) + b(N-x) \Leftrightarrow \frac{dx}{dt} = (ax+b)(N-x),$$

de variáveis separáveis. A equação equivale a

$$\frac{1}{(x+c)(N-x)}dx = a\,dt, \quad c = \frac{b}{a}.$$

Utilizando o método de primitivação de fracções racionais, vem

$$\int \frac{1}{(x+c)(N-x)}dx = \int a\,dt \Leftrightarrow$$

$$\log\left(\frac{x+c}{N-x}\right) = (N+c)(at+A), \quad A: \text{const. arbitrária.}$$

Esta expressão equivale a

$$\frac{x+c}{N-x} = Be^{(N+c)at},$$

em que B é tal, que $\log B = (N+c)A$. A resolução desta equação em ordem a x e a condição inicial $x(0) = 1$ conduzem a

$$x = \frac{(a+b)Ne^{(N+c)at} - b(N-1)}{(N-1)a + (a+b)e^{(N+c)at}}.$$

Mostra-se que a curva correspondente a esta função tem a forma da curva logística.

4 AJUSTAMENTO DE PREÇOS NO MERCADO

4.1 Ajustamento de preços (1)

Recorde-se as noções de função procura e função oferta no mercado de um bem. Admita-se os seguintes modelos para, respectivamente, as funções procura, $x_d(p)$, e oferta, $x_s(p)$, do bem

$$x_d(p) = 4 - p \,,\; x_s(p) = 2p - 2 \,,$$

em que p é o preço unitário. Os economistas sustentam que p tende a aumentar se a procura supera a oferta, decrescendo na situação inversa. Como sempre, atinge-se o preço de equilíbrio quando a oferta iguala a procura, o que, no presente caso, corresponde a $p = 2$.

Perante oscilações do preço, o mercado tende a efectuar ajustamentos correctivos do valor momentâneo de p, num processo denominado *tâtonnement*. Em Economia considera-se vulgarmente uma situação em que um leiloeiro anuncia determinado preço (unitário) para uma mercadoria, ouve as quantidades que, a este preço, os agentes estão dispostos a vender ou comprar, e depois faz elevar ou descer o valor de p consoante o excesso de procura, $x_d - x_s$, é, respectivamente, positivo ou negativo.[23]

Admita-se que o preço p num *tâtonnement* se ajusta de acordo com a regra

$$\frac{dp}{dt}(t) = \frac{1}{108}\left[x_d(p) - x_s(p)\right]^5.$$

Substituindo pelas funções dadas e simplificando,

$$\frac{dp}{dt}(t) = \frac{9}{4}(2 - p)^5.$$

Separando as variáveis nesta equação diferencial de variáveis separáveis, vem

$$\frac{4}{9(2-p)^5}\,dp = dt \,,$$

---

[23] A tradicional fixação diária dos preços do ouro, no Rothschild's Bank de Londres, realiza-se nestes termos.

da qual resulta, por primitivação membro a membro,

$$\frac{1}{9(2-p)^4} = t + c \, , c \in \mathfrak{R}_0^+ .$$

Pode explicitar-se p em função de t. Excluindo as raízes complexas da equação, vem

$$(2-p) = \pm 1/\left(\sqrt{3}\sqrt[4]{t+c}\right) \Leftrightarrow p(t) = 2 \pm 1/\left(\sqrt{3}\ \sqrt[4]{t+c}\right), c \in \mathfrak{R}_0^+ . \qquad (5.5)$$

Exprima-se c em função de $p(0)$:

$$p(0) = 2 \pm 1/\left(\sqrt{3}\ \sqrt[4]{c}\right).$$

Uma vez que $c \in \mathfrak{R}_0^+$, cálculos algébricos simples permitem obter $c = 1/9[2 - p(0)]^4$. Suponha-se que $p(0) = 1$; então $c = 1/9$. Dado que $p(0) < 2$, o sinal em (5.5) deve ser negativo:

$$p(t) = 2 - 1/\left(\sqrt{3}\ \sqrt[4]{t+1/9}\right) = 2 - 1/\sqrt[4]{9t+1} .$$

A solução converge para o preço de equilíbrio, porque $\lim_{t \to \infty} p(t) = \lim_{t \to \infty} \left(2 - 1/\sqrt[4]{9t+1}\right) = 2$. Note-se que, se $p(t) = 2$, a taxa de variação do preço é nula:

$$\frac{dp}{dt}(t) = \frac{9}{4}[2 - p(t)]^5 = 0 ,$$

o que significa que o preço se mantém a este nível assim que atingido. Se $p(0) = 2$ isto significa que o preço se mantém constante desde o início. Se $p(0) = 3$, $c = 1/9$ mas, dado que $p(0) > 2$, (5.5) deve ser positivo. Logo, $p(t) = 2 + 1/\sqrt[4]{9t+1}$, de novo se verificando $\lim_{t \to \infty} p(t) = 2$.

A figura 3 representa a tendência dos preços, para diversos valores do preço inicial, $p(0)$. Em todos os casos o preço converge de forma bastante lenta para o preço de equilíbrio, se não começa já neste nível.

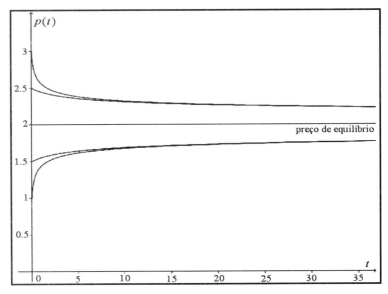

Figura 3 - Processo *tâttonement*
Evolução temporal do preço para diferentes valores de $p(0)$

4.2 Ajustamento de preços (2)

Retome-se o caso do mercado de um bem, com funções procura e oferta definidas como em 3.1. Seja o modelo de *tâtonnement*, em que, agora, a taxa de variação dos preços é dupla do excesso de procura em cada instante t,

$$dp/dt = 2[x_d(p) - x_s(p)] = 12 - 6p \Leftrightarrow dp/dt + 6p = 12. \quad (5.6)$$

Trata-se de uma equação linear de primeira ordem em p, cujo factor integrante vem

$$\mu(t) = e^{\int 6dt} = e^{6t}.$$

Multiplicando ambos os membros de (5.6) por $\mu(t)$ e resolvendo como descrito em II.6.1.*i.* vem $p(t) = 2 + Ce^{-6t}$. Para $t = 0$, vem $p(0) = c + 2$, logo

$$p(t) = 2 + [p(0) - 2]e^{-6t}. \quad (5.7)$$

Tal como na aplicação 3, $\lim_{t \to \infty} p(t) = 2$, o preço de equilíbrio. Mais uma vez, assim que atingido tal preço, este mantém-se estável. Quando $p(0) = 2$ a solução é uma função constante, correspondendo a uma recta horizontal. Se $p(0) > 2$, o segundo termo de (5.7) é positivo e tende para zero; logo, $p(t) > 2$ para todo t e $\lim_{t \to \infty} p(t) = 2^+$. No caso em que $p(0) < 2$ vem $\lim_{t \to \infty} p(t) = 2^-$. A figura 4 representa a variação do preço para vários valores de $p(0)$. A variação apresenta agora uma convergência mais rápida para o preço de equilíbrio.

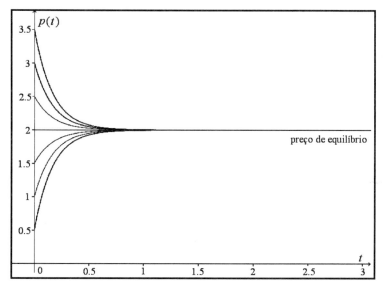

Figura 4 – Processo *tâttonement*
Taxa de variação dos preços dupla do excesso de procura

5 FUNÇÕES DE MORTALIDADE SIMPLES

5.1 Introdução

Ao longo da História da humanidade, vários autores propuseram modelos para a taxa de mortalidade dos seres humanos. Para além da simples curiosidade e procura de uma melhor compreensão da realidade humana, há razões práticas associadas ao estudo de tais modelos, nomeadamente, a pesquisa no âmbito da projecção populacional, dos programas de segurança social e do cálculo dos prémios e anuidades de seguros.

Quando os computadores eram menos populares, funções analíticas simples e "bem-comportadas" utilizavam-se frequentemente. Mas, ainda hoje, torna-se por vezes mais fácil e útil recorrer a uma função simples, que proporcione uma boa aproximação da realidade a estudar, do que lidar com uma tabela com centenas de números. Tal é especialmente verdade quando se torna necessário estudar funções dependentes da mortalidade de várias vidas. O presente conjunto de aplicações descreve algumas das funções simples, que se revelaram úteis em diversas situações de interesse prático.

5.2 O modelo mais simples

Admita-se uma grande quantidade, l_0, de recém-nascidos em dado ano. Se l_x representa o número dos que sobrevivem, no mínimo, até à idade x, e se X designa a variável aleatória representando a duração de vida de um indivíduo, segue-se que

$$P(X \geq x) = l_x / l_0 \, .$$

Supõe-se que a dimensão da população é suficiente para que este resultado seja válido em termos práticos. É claro que l_x é uma função decrescente de x.

Abraham de Moivre apresentou a primeira função de mortalidade em 1725. A sua fórmula vem

$$l_x = \begin{cases} l_0(\omega - x)/\omega, & \text{se } 0 \leq x \leq \omega, \\ 0, & \text{se } x > \omega, \end{cases}$$

em que a constante ω traduziria a idade máxima admissível para um ser humano[24] e a função l_x decresceria linearmente. Tal constante designa-se *idade-limite*. É evidente que não existe tal idade máxima absoluta, para além da qual todas as pessoas estão mortas. Mas, recorde-se, o interesse reside apenas na construção de funções simples, que aproximem a realidade da mortalidade humana, uma vez que não se conhece a "verdadeira" lei da mortalidade (se tal lei existe).

5.3 Força de mortalidade

Seja X uma variável aleatória contínua assumindo apenas valores positivos, cuja função densidade de probabilidade é f e cuja função de distribuição é F. Recorde-se que

---

[24] Originalmente, De Moivre sugeriu $\omega = 86$, embora hoje em dia se utilize o valor 100 como aproximação.

$F' = f$.[25] Admita-se que X representa a duração de um dispositivo (mecânico, electrónico ou de outra natureza). A sua *taxa de risco*, $\mu(x)$, isto é, a taxa instantânea de avaria do dispositivo num instante x dado que funciona até então, pode definir-se através de

$$\mu(x) = \frac{f(x)}{1 - F(x)},$$

a qual equivale a

$$\mu(x) = \frac{F'(x)}{1 - F(x)}.$$

Esta equação pode ser escrita na forma:

$$F' + \mu(x)F = \mu(x).$$

Esta equação diferencial é linear de primeira ordem em F. Dado $F(0) = 0$, vem a solução deste problema de valor inicial

$$F(x) = 1 - e^{-\int_0^x \mu(y)dy}. \tag{5.8}$$

Seja agora X a duração de vida de um ser humano. Neste caso, $\mu(x)$ representa a taxa instantânea de mortalidade no instante x, sabendo que tal indivíduo sobreviveu até então. Por outras palavras, se Δx é um pequeno intervalo de tempo, então $\mu(x)\Delta x$ é a probabilidade de um indivíduo com x anos de idade falecer antes de atingir a idade $x + \Delta x$. Sob esta interpretação, a função μ designa-se, na literatura, *força de mortalidade* na idade (ou no instante) x.[26]

Determine-se as expressões F e f na versão generalizada de De Moivre. Vem

$$F(x) = P(X \le x) = 1 - P(X \ge x) = 1 - \frac{l_x}{l_0} = 1 - \frac{\omega - x}{\omega} = \frac{x}{\omega} \Rightarrow$$

$$f(x) = F'(x) = \frac{1}{\omega}.$$

Logo,

$$\mu_x = \frac{F'(x)}{1 - F(x)} = \frac{1}{\omega - x}.$$

---

[25]   Veja-se, por exemplo, Murteira, Silva Ribeiro, Andrade e Silva, Pimenta (2008).

[26]   Frequente também a notação alternativa μ_x.

A Figura 5 apresenta um esboço do gráfico desta função.

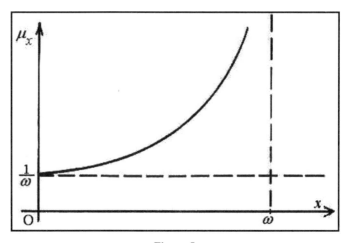

Figura 5
Força de mortalidade: lei de De Moivre

Em todo o caso, a realidade empírica mostra que a curva da força de mortalidade humana se aproxima mais da forma indicada na Figura 6. A explicação para a curva, "em forma de banheira", é a seguinte: os recém-nascidos são seres fracos e sujeitos a diferentes tipos de doenças. Contudo, à medida que crescem, fortalecem o seu sistema imunológico e tornam-se mais robustos. Mais tarde, entre os dez e os quarenta anos, a curva torna-se quase horizontal. Por fim, à medida que o ser humano entra na terceira idade, a curva começa a crescer cada vez mais rapidamente, com o aproximar do fim de vida. Habitualmente, as fases da infância e da idade mais avançada são as mais difíceis de estimar e modelizar. De facto, os respectivos segmentos da curva podem variar muito rapidamente, na medida da evolução da medicina e outros ramos da ciência. Na prática, a maioria dos estudos concentra-se no segmento da curva após a infância e até perto dos 70 anos. Os restantes segmentos determinam-se usualmente por interpolação de dados empíricos, em vez de se utilizar um modelo específico.

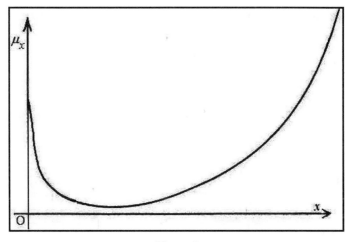

Figura 6
Força de mortalidade

5.4 Lei de Gompertz

Em 1825, Benjamin Gompertz sugeriu um modelo mais sofisticado, baseado no seguinte raciocínio: em cada pessoa há uma resistência natural à morte, a qual decresce a uma taxa proporcional a si própria, à medida que a idade aumenta. Isto sucede porque, em pequenos intervalos de igual amplitude, perdem-se iguais quantidades de resistência. Seja μ_x a taxa de mortalidade instantânea; Gompertz utiliza a quantidade $1/\mu_x$ para representar a capacidade de resistência à morte. Obtém-se assim a equação diferencial

$$\frac{d}{dx}\left(\frac{1}{\mu_x}\right) = -\alpha\left(\frac{1}{\mu_x}\right), \ \alpha \geq 0,$$

com α constante. Esta equação pode resolver-se como segue.

$$\frac{d}{dx}\left(\frac{1}{\mu_x}\right) \bigg/ \left(\frac{1}{\mu_x}\right) = -\alpha \Leftrightarrow \log\left(\frac{1}{\mu_x}\right) = -\alpha x + \beta,$$

em que β denota uma constante real. Daqui resulta

$$\frac{1}{\mu_x} = e^\beta e^{-\alpha x} \Leftrightarrow \mu_x = \gamma c^x, \ \gamma = e^{-\beta}, c = e^\alpha.$$

De $F(x) = 1 - l_x/l_0$, resulta $l_x = l_0[1 - F(x)]$. De (5.7) vem

$$F(x) = l_0 e^{-\int_0^x \mu_y dy} \quad l_x = l_0 e^{-\int_0^x \mu_y dy}. \tag{5.9}$$

Ora, se $c \neq 1$, vem

$$\int_0^x \mu_y \, dy = \int_0^x \gamma c^y \, dy = \frac{\gamma}{\log c} (c^x - 1) = -(c^x - 1)\log g = -\log g^{(c^x - 1)},$$

em que $\log g = -\gamma/\log c$. Substituindo em (5.9),

$$l_x = l_0 \, g^{(c^x - 1)},$$

fórmula habitualmente escrita na forma

$$l_x = kg^{c^x}, \ k = l_0/g .$$

5.5 Lei de Makeham

Em 1860 Makeham prosseguiu a ideia inicial de Gompertz. Este, para além de ter deduzido a fórmula obtida na secção anterior, sugeriu que a morte pode resultar de, essencialmente, dois tipos de factores:

– factor constante, independente da idade do indivíduo – *componente acidental* ou *azar* – ao qual qualquer idade é susceptível;

– factor (dito *etário*) que se opõe à morte através de uma resistência que decresce a uma taxa proporcional a si própria.

Com base nos argumentos da secção anterior, vem

$$\mu_x = \delta + \gamma c^x ,$$

com δ, γ e c constantes. Ora,

$$\int_0^x \mu_y \, dy = \int_0^x (\delta + \gamma c^y) \, dy = \delta \, x - \ln g^{(c^x - 1)} =$$

$$- \log s^x - \log g^{(c^x - 1)} = -\log[s^x g^{(c^x - 1)}], \ s = e^{-\delta} .$$

Assim,

$$l_x = l_0 \, e^{-\int_0^x \mu_y \, dy} = l_0 \, s^x g^{(c^x - 1)} ,$$

mais usualmente escrito na literatura como

$$l_x = k \, s^x g^{c^x}, \ k = l_0/g .$$

Se $\delta = 0$ (equivalente a $s = 1$), a lei de Makeham reduz-se à lei de Gompertz.

Vários estudos mostram que, com uma escolha adequada das constantes, a equação anterior modeliza bem a realidade empírica no segmento intermédio da curva de mortalidade (seja dos dez aos sessenta anos). Obtém-se uma representação mais exacta dividindo o eixo da idade em intervalos etários curtos e aplicando a lei de Makeham, de maneira a obter diferentes conjuntos de constantes para os distintos segmentos. Assim, pode utilizar-se a lei de Makeham para modelizar uma parte maior da duração de vida.

5.6 Conclusão

Embora o equipamento computacional se tenha tornado mais acessível e potente, modelos simples de mortalidade humana são ainda um tópico importante. Estes constituem ainda guias úteis para a delimitação do que se pode, razoavelmente, esperar e para a interpretação dos dados empíricos. Deve, em todo o caso, questionar-se continuamente a validade dos modelos utilizados, à medida que surgem novos dados e se desenvolvem novas tendências. Além disso, o talento dos autores do séc. XIX pode proporcionar um bom exemplo de como simplificar um problema matemático complicado, transformando-o em algo mais manipulável.

Os matemáticos que estudam o fenómeno da mortalidade humana não pretendem prever a duração da vida de uma pessoa, individualmente considerada. Antes, interessam-se por construir modelos da taxa de mortalidade em dada população. Além disso, as funções de mortalidade aqui discutidas são apenas simples funções, baseadas em modelos plausíveis, que aproximam os dados que se têm vindo a observar. Não constituem, pois, leis a que a mortalidade individual deve obedecer. É precisamente esta imprecisão que torna estes estudos um misto de arte e ciência. E é também a falta de um entendimento exaustivo da realidade, o que proporciona a força condutora para a procura de mais conhecimento.[27]

---

[27] Veja-se, por exemplo, Higgins (2003), para uma exposição mais pormenorizada da evolução deste tipo de modelos.

Os modelos analisados utilizam-se ainda hoje, em problemas de dinâmica populacional (não apenas humana) e de crescimento/decréscimo. Em particular, pode encontrar-se referências sobre a utilização do modelo de Gompertz em Braun (1983, p. 50) e Zill (1986, p. 111).

6   PUBLICIDADE E VOLUME DE VENDAS

Para as agências publicitárias (e até para os consumidores), é evidentemente importante poder estimar a eficácia de uma campanha publicitária. Parece razoável supor que, sem publicidade, o volume de vendas de determinado produto tende a decrescer. Com base em estudos de inúmeros gráficos de vendas, Wolfe e Vidale (1957) propõem, para modelizar tal decréscimo, a equação

$$\ln S = -\lambda t + \mu,$$

em que S designa a função taxa do volume de vendas, t o tempo e λ e μ são constantes. Assim, se não há publicidade, tem-se

$$\frac{dS}{dt} = -\lambda S.$$

Em todo o caso, prevendo-se que a introdução de uma campanha publicitária eleve os níveis de vendas, os autores realçam o chamado *nível de saturação*, cujo efeito se explica como segue. Admita-se que um produto – por exemplo, um automóvel – é alvo de uma campanha publicitária com duração de um ano. Os resultados mostram que ocorre um certo aumento das taxas de venda no primeiro semestre. Contudo, no decorrer do segundo semestre, as taxas de venda apenas se mantêm e, finda a campanha, regista-se um decréscimo da taxa de vendas (embora não tão acentuada como antes da campanha). Esta sequência sugere que há um nível de saturação da publicidade e que, eventualmente, a campanha pode ser mais breve sem perda de eficácia.

Especifica-se agora um modelo que considere estas condicionantes. Seja A uma função do tempo que mede a taxa de promoção de um determinado produto através da publicidade – dita *taxa de publicidade*. Do exposto resulta

$$A \equiv 0 \Rightarrow \frac{dS}{dt} = -\lambda S.$$

Se, por outro lado, A é uma função não nula, assume-se que o aumento da taxa de vendas é proporcional à taxa de publicidade, A, e ao grau de não saturação do mercado – seja $(M-S)/M$, em que M designa o nível de saturação do produto. Assim, M pode encarar-se como limite admissível para o volume de vendas geradas, medindo, aquele quociente, a fracção de mercado que ainda não comprou o produto. Combinando estas hipóteses, resulta a equação diferencial

$$\frac{dS}{dt} = rA\frac{(M-S)}{M} - \lambda S,$$

em que r denota uma constante. Reordenando os termos na equação, vem

$$\frac{dS}{dt} + \left(\frac{rA}{M} + \lambda \right) S = rA.$$

Trata-se claramente de uma equação diferencial linear de primeira ordem, cuja solução depende da forma da função A. A título de exemplo, admita-se que esta função é constante num certo intervalo de tempo, anulando-se findo esse período, ou seja,

$$A(t) = \begin{cases} K, & \text{se } 0 < t < T \\ 0, & \text{se } t > T, \end{cases}$$

e que, inicialmente, $S(0) = S_0$. Então, para $0 < t < T$,

$$\frac{dS}{dt} + \left(\frac{rK}{M} + \lambda \right) S = rK,$$

que admite o factor integrante (cfr. II.6.1.i)

$$e^{\int b\,dt} = e^{bt},$$

em que $b = (rK)/M + \lambda$. Deste modo,

$$e^{bt}\frac{dS}{dt} + e^{bt}bS = e^{bt}rK \Leftrightarrow \frac{d}{dt}\left(e^{bt}S \right) = e^{bt}rK.$$

Integrando e simplificando, vem

$$S = r\frac{K}{b} + Ce^{-bt},$$

em que C é uma constante real arbitrária. Da condição inicial $S(0) = S_0$,

$$C = S_0 - r\frac{K}{b}$$

e, por conseguinte, quando $0 < t < T$, tem-se

$$S(t) = r\frac{K}{b} + \left(S_0 - r\frac{K}{b}\right)e^{-bt} \tag{5.10}$$

Para $t > T$, vem $A = 0$, donde

$$\frac{dS}{dt} + \lambda S = 0,$$

cujo integral geral é dado por $S = Ce^{-\lambda t}$, em que C denota uma constante real arbitrária. Se para $t = T$, $S = S_T$, facilmente se verifica que a solução particular é da forma

$$S(t) = S_T e^{-\lambda(t-T)}, \ t > T. \tag{5.11}$$

A partir de (5.10) pode-se ainda obter

$$S_T = r\frac{K}{b} + \left(S_0 - r\frac{K}{b}\right)e^{-bT}.$$

Combinando (5.10) e (5.11), e substituindo b pelos parâmetros iniciais do modelo, vem

$$S(t) = \begin{cases} S_0 e^{-(\lambda + rK/M)t} + \dfrac{rK}{(\lambda + rK/M)}\left[1 - e^{-(\lambda + rK/M)t}\right], & \text{se } 0 < t < T \\ S_T e^{-\lambda(t-T)}, & \text{se } t > T. \end{cases} \tag{5.12}$$

A figura 7 apresenta um gráfico admissível para esta função. Observa-se que a taxa de crescimento das vendas é mais rápida inicialmente; à medida que o nível de saturação se aproxima, tal taxa decresce. No entanto, quando a campanha publicitária cessa, no instante T, as vendas decaem exponencialmente.

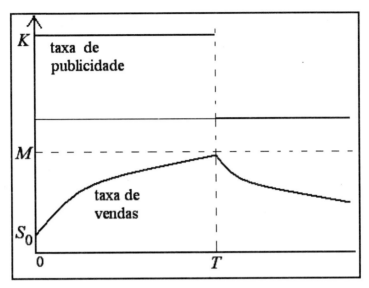

Figura 7
Publicidade e volume de vendas

7 MODELO DE CRESCIMENTO ECONÓMICO NEO-CLÁSSICO

Expõe-se, no que segue, um modelo de economia simplificada, que não prevê comércio externo e assume a produção de um único bem homogéneo. Admite-se que o *output* (ganhos obtidos pela quantidade produzida do referido bem) vem dado, no instante t, por $Y = Y(t)$. Assume-se que Y é função do *capital*, $K = K(t)$, e da *força de trabalho*, $L = L(t)$, designados *factores de produção*. Pode, pois, escrever-se

$$Y = F(K,L), \qquad (5.13)$$

em que F se designa *função de produção*. Admite-se a homogeneidade de F, ou seja,

$$F(\alpha K, \alpha L) = \alpha F(K,L), \qquad (5.14)$$

de modo a reflectir *rendimentos à escala* (por exemplo, uma duplicação dos factores de produção duplica o output).

Considere-se em (5.14) $\alpha = 1/L$; defina-se $y = Y/L$ (*output por trabalhador*) e $k = K/L$ (*capital por trabalhador*). Vem

$$y = \frac{Y}{L} = \frac{1}{L}F(K,L) = F(k,1). \qquad (5.15)$$

Tomando $F(k,1) = f(k)$, resulta

$$y = f(k).$$

Considera-se usualmente que esta nova expressão da função de produção é estritamente crescente e côncava, verificando

$$\lim_{k \to 0} f'(k) = +\infty, \quad \lim_{k \to +\infty} f'(k) = 0.$$

A figura 8 expõe o gráfico típico de uma função de produção com estas propriedades.

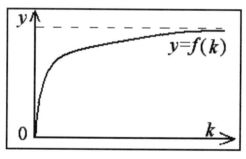

Figura 8
Função de produção típica

Admite-se que o *output* é totalmente consumido ou investido, ou seja,

$$Y(t) = C(t) + I(t), \qquad (5.16)$$

em que C e I denotam, respectivamente, o consumo e o investimento. Por outro lado, o investimento faz aumentar o *stock* de capital, donde,

$$\frac{dK}{dt} = I. \qquad (5.17)$$

Combinando (5.15) e (5.16) com (5.17), obtém-se

$$y = c(t) + \frac{1}{L}\frac{dK}{dt},$$

em que $c(t) = C(t)/L$ designa o consumo por trabalhador. Além disso,

$$\frac{dk}{dt} = \frac{d}{dt}\left(\frac{K}{L}\right) = \frac{1}{L}\frac{dK}{dt} - \frac{K}{L^2}\frac{dL}{dt} = \frac{1}{L}\frac{dK}{dt} - k\frac{dL/dt}{L}$$

e, supondo que a força laboral tem crescimento exponencial, $L = L_0 e^{\lambda t}$,

$$\frac{dk}{dt} = \frac{1}{L}\frac{dK}{dt} - \lambda k .$$

Eliminando $1/L(dK/dt)$, vem

$$\frac{dk}{dt} = f(k) - \lambda k - c(t), \tag{5.18}$$

designada *equação fundamental do crescimento económico neo-clássico*. Para dado perfil de consumo, $c = c(t)$, a equação determina a forma do capital como função do tempo. Por exemplo, se o consumo se modeliza por meio de uma função afim crescente, $c(t) = at + b$, $a > 0$, e a função de produção é linear, $f = \mu k$, (5.18) converte-se em

$$\frac{dk}{dt} - \upsilon k = -(at + b), \quad \upsilon = (\mu - \lambda).$$

Trata-se de uma equação linear de primeira ordem em k, com integral geral

$$k(t) = Ae^{\upsilon t} + \frac{1}{\upsilon}\left(at + \frac{a}{\upsilon} + b\right),$$

com constante de integração A (deixa-se a resolução como exercício). Para o valor inicial $k(0) = k_0$, vem $A = k_0 - (a/\upsilon + b)/\upsilon$, donde,

$$k(t) = \frac{1}{\upsilon}\left\{\left[\upsilon k_0 - \left(\frac{a}{\upsilon} + b\right)\right]e^{\upsilon t} + \left(at + \frac{a}{\upsilon} + b\right)\right\}.$$

Note-se que as previsões fornecidas por este modelo dependem fortemente dos valores dos parâmetros υ, a, b e k_0. Por exemplo, se $\mu > \lambda$ e, portanto, $\upsilon > 0$, prevê-se um crescimento do capital, se

$$k_0 > \frac{1}{\upsilon}\left(\frac{a}{\upsilon} + b\right) = k_c .$$

Se, pelo contrário, $k_0 < k_c$, o capital decresce e a economia entra em declínio.

8 MODELO DE SOLOW DE CRESCIMENTO ECONÓMICO

O modelo de crescimento de Solow pode descrever-se como segue.[28] Seja uma função Cobb-Douglas de produção de determinado bem,

$$f(K,L) = AK^{1-\alpha}L^{\alpha}$$

em que K e L designam, respectivamente, o número de unidades de capital e de trabalho utilizadas, A é uma constante positiva e $0 < \alpha < 1$. Admita-se que K e L variam ao longo do tempo e que uma parte, s, $0 < s < 1$, da quantidade produzida é guardada, utilizada para aumentar o *stock* de capital. Deste modo, a variação do capital ao longo do tempo rege-se de acordo com a equação diferencial

$$\frac{dK(t)}{dt} = sf[K(t), L(t)] = sAK(t)^{1-\alpha}L(t)^{\alpha} \tag{5.19}$$

para um valor inicial K_0 quando $t = 0$. Admite-se também que a força de trabalho no instante inicial é $L_0 > 0$, crescendo a uma taxa constante λ, ou seja

$$\frac{dL(t)}{dt} \bigg/ L(t) = \lambda. \tag{5.20}$$

A solução geral do modelo pode obter-se, por exemplo, resolvendo em primeiro lugar a equação (5.20), substituindo a solução em (5.19) e integrando a equação daí resultante. A equação (5.20), de variáveis separáveis, pode escrever-se na forma

$$\frac{1}{L}dL = \lambda dt,$$

de integral geral

$$L(t) = Ce^{\lambda t}.$$

Da condição inicial, resulta $C = L_0$, logo

$$L(t) = L_0 e^{\lambda t}.$$

Substituindo em (5.19), vem

$$\frac{dK(t)}{dt} = sAK(t)^{1-\alpha}\left(L_0 e^{\lambda t}\right)^{\alpha} = sAL_0^{\alpha}e^{\alpha\lambda t}K(t)^{1-\alpha} \Leftrightarrow$$

$$K(t)^{\alpha-1}dK = sAL_0^{\alpha}e^{\alpha\lambda t}dt,$$

---

[28] Cfr. Solow (1957). Existe uma versão mais geral deste modelo – veja-se, por exemplo, Romer (2005).

cujo integral geral vem

$$\frac{1}{\alpha}K(t)^\alpha = \frac{1}{\alpha\lambda}sAL_0{}^\alpha e^{\alpha\lambda t} + c \Leftrightarrow K(t) = \left(\frac{1}{\lambda}sAL_0{}^\alpha e^{\alpha\lambda t} + C\right)^{1/\alpha}.$$

De $K(0) = K_0$ resulta $C = K_0^\alpha - sAL_0{}^\alpha/\lambda$, donde

$$K(t) = \left[\frac{1}{\lambda}sAL_0{}^\alpha\left(e^{\alpha\lambda t} - 1\right) + K_0{}^\alpha\right]^{1/\alpha}, \ t \geq 0.$$

Uma questão económica de interesse é o estudo da evolução do rácio K/L. Da solução obtida resulta

$$\lim_{t\to+\infty}\frac{K(t)}{L(t)} = \lim_{t\to+\infty}\frac{\left[\dfrac{1}{\lambda}sAL_0{}^\alpha\left(e^{\alpha\lambda t} - 1\right) + K_0{}^\alpha\right]^{1/\alpha}}{L_0 e^{\lambda t}} = \left(\frac{1}{\lambda}sA\right)^{1/\alpha}.$$

9 MODELO TEIA DE ARANHA

No presente modelo, P_t, D_t e S_t denotam, respectivamente, preço unitário, procura e oferta de um bem em sucessivos períodos $t = 0, 1, \ldots$ Tais quantidades relacionam-se entre si através do sistema

$$\begin{cases} D_t = a - bP_t \\ S_t = D_t \\ S_{t+1} = c + dP_t, \end{cases} \quad b, d > 0, \ t = 0, 1, 2, \ldots \tag{5.21}$$

O significado das equações do sistema é o seguinte. Tendo produzido S_t unidades do referido bem no período t, o produtor decide vendê-lo ao preço P_t. Este determina a procura, descrita na primeira equação (dado que $b > 0$, a procura decresce à medida que o preço aumenta). Além disso, o produtor escolhe um preço que lhe assegure, em cada período t, o total escoamento da quantidade produzida, o que justifica a segunda equação. Por último, o produtor deve decidir que quantidade produzir no período seguinte. Esta depende dos custos de produção e da sua previsão acerca do preço a obter pela quantidade que decide produzir. Por hipótese, supõe-se que o produtor desconhece o modo como o mercado funciona, mas consegue realizar uma previsão acerca do valor P_{t+1} para o período seguinte, a qual se baseia "apenas" no valor corrente, P_t. O montante S_{t+1} fornecido no período seguinte é então função apenas de P_t, cuja forma mais simples se descreve na terceira equação (dado que $d > 0$, a equação significa que a oferta no período seguinte aumenta à medida que o preço corrente aumenta). A figura 9 clarifica a designação "teia de aranha", escolhida para o presente modelo.

Suponha-se P_0 dado. Pode determinar-se D_1 e S_1 a partir, respectivamente, da segunda e terceira equações. Finalmente, da primeira equação resulta P_1, o qual permite iniciar novo ciclo de valores, ao determinar S_2 a partir da terceira equação.

Na representação gráfica, o valor $\overline{P}$ designa-se *preço de equilíbrio*, escolhido de tal modo, que

$$a - b\overline{P} = c - d\overline{P} \Leftrightarrow \overline{P} = \frac{a-c}{b+d}.$$

Se $P_0 = \overline{P}$, é claro que o preço, procura e oferta se mantêm constantes ao longo dos vários períodos.

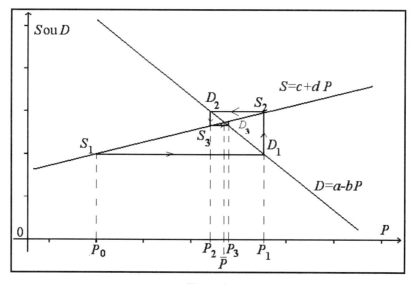

Figura 9
Modelo teia de aranha

Dado o exposto, o sistema de equações pode resumir-se na equação às diferenças

$$a - b\,P_{t+1} = c + d\,P_t.$$

Se se considera uma versão em tempo contínuo do modelo descrito, esta equação vem naturalmente substituída por uma equação diferencial. Na versão em tempo contínuo o sistema (5.21) converte-se, para $t > 0$, em

$$\begin{cases} D(t) = a - bP(t) \\ S(t) = D(t) \\ S(t) = c + d\int_{-\infty}^{t} e^{y-t} P(y)dy. \end{cases}$$

A terceira equação pode encarar-se como uma previsão do preço no instante t, calculado como média ponderada dos preços de todos os instantes anteriores. Note-se que, a cada um dos preços no passado recente, se atribui uma ponderação muito maior do que as ponderações para momentos anteriores. O coeficiente de ponderação, e^{y-t}, designa-se usualmente *factor de desconto*.

Conjuntamente, as três equações originam a equação integral

$$a - b\,P(t) = c + d\int_{-\infty}^{t} e^{y-t} P(y)dy$$

Em equilíbrio, o preço $P(t)$ vem igual a uma constante, $\overline{P}$. Esta verifica

$$a - b\,\overline{P} = c + d\int_{-\infty}^{t} e^{y-t}\,\overline{P}\,dy = c + d\,\overline{P},$$

pelo que, tal como no caso discreto,

$$\overline{P} = \frac{a-c}{b+d}\,.$$

A mudança de variável $Q(t) = P(t) - \overline{P}$ converte a equação integral em

$$-bQ(t) = d\int_{-\infty}^{t} e^{y-t} Q(y)dy = de^{-t}\int_{-\infty}^{t} e^{y} Q(y)dy\,.$$

Como frequentemente acontece, a equação pode converter-se em equação diferencial. Recorrendo à fórmula da derivada do produto e ao Teorema Fundamental do Cálculo Integral, pode escrever-se

$$-b\frac{dQ(t)}{dt} = -de^{-t}\int_{-\infty}^{t} e^{y} Q(y)dy + de^{-t}e^{-t} Q(t) =$$

$$-[-bQ(t)] + dQ(t) = (b+d)Q(t)$$

A equação resultante é de variáveis separáveis, de solução geral

$$\log Q(t) = -\frac{b+d}{b}t + k \, ,$$

a qual, regressando à variável P, se converte em

$$P(t) - \overline{P} = Q(t) = Ke^{-\frac{b+d}{b}t}, \ K \in \Re \, .$$

Observe-se que, se os parâmetros b, d verificam $(b+d)/b > 0$ (o que sucede, por exemplo, quando ambos os parâmetros são positivos), $P(t)$ converge para $\overline{P}$ (nas circunstâncias descritas, $\lim_{t \to \infty} \exp[-(b+d)/b] = 0$), através de uma função contínua e diferenciável. Isto constitui uma vantagem relativamente à versão discreta do modelo, uma vez que, neste último caso, o método pode não ser estável.

10   AVALIAÇÃO EM LEILÕES

Na teoria dos leilões, surge um problema de valor inicial traduzido pela equação

$$x'(t)G(t) + x(t)G'(t) = tG'(t), \ x(t_0) = t_0 \, ,$$

em que $G(\cdot)$ é uma função conhecida e a variável t se interpreta como a avaliação de determinado objecto, feita por um licitador num leilão. Para resolver a equação dada, note-se que o primeiro membro corresponde ao desenvolvimento de $d[x(t)G(t)]/dt$, de tal modo que, integrando ambos os membros da equação, se obtém

$$x(t)G(t) = \int tG'(t)dt \, .$$

Por primitivação por partes do segundo membro, resulta

$$\int tG'(t)dt = tG(t) - \int G(t)dt$$

e, por conseguinte, a solução geral da equação

$$x(t) = t - \frac{1}{G(t)}\int G(t)dt \, .$$

A condição inicial $x(t_0) = t_0$ conduz à solução do problema de valor inicial

$$x(t) = t - \frac{1}{G(t)}\int_{t_0}^{t} G(s)ds \, .$$

11 FUNÇÃO UTILIDADE COM AVERSÃO CONSTANTE AO RISCO

Considere-se uma função utilidade U, dependente do nível de riqueza, w. Uma função ρ tal, que

$$\rho(w) = -\frac{wU''(w)}{U'(w)}$$

designa-se *medida de Arrow-Pratt*, fornecendo uma medida relativa da aversão ao risco. Dadas duas funções utilidade, U e V, se $\rho_U(w) > \rho_V(w)$, então U reflecte maior grau de aversão ao risco relativamente a V.

Uma questão interessante consiste em procurar as funções de utilidade que traduzem, em cada instante, um grau de aversão ao risco independente do nível de riqueza. Ou seja, determinar as funções $U(w)$, que verificam $\rho(w) = a, \forall w$.

A equação resultante é uma equação diferencial de segunda ordem na variável dependente U, que não envolve U, uma vez que

$$\rho(w) = a \Leftrightarrow -\frac{wU''(w)}{U'(w)} = a.$$

A mudança de variável dependente, de U para Z, por meio de $Z(w) = U'(w)$ (cfr. III.3 ou III.4) conduz a uma equação de variáveis separáveis,

$$aZ = -w\frac{dZ}{dw} \Leftrightarrow \frac{a}{w}dw = -\frac{1}{Z}dZ,$$

cujo integral geral vem

$$Z(w) = C\,w^{-a}.$$

Regressando à variável dependente U, após primitivação,

$$U(w) = \begin{cases} C\ln w + B, & a = 1 \\ \dfrac{C}{1-a}w^{1-a} + B, & a \neq 1 \end{cases}$$

expressão geral das funções de utilidade com aversão ao risco constante, igual a a.

12 CURVA DE CURVATURA CONSTANTE

Pretende-se determinar a equação de uma curva plana cuja curvatura é constante em todos os seus pontos. Define-se "curvatura" como a taxa de rotação da tangente à curva, à medida que o ponto de tangência se desloca ao longo da curva. Intuitivamente, dada a definição, espera-se que a curva de curvatura constante seja uma circunferência.

Denote-se a curvatura por κ; formalmente, a curvatura vem dada por[29]

$$\kappa = \frac{y''}{\left(1 + y'^2\right)^{3/2}} . \tag{5.22}$$

Trata-se, pois, de resolver a equação diferencial (5.22) sob o pressuposto de que κ é constante (não nulo). Esta equação é de ordem dois e não envolve y (nem x). Pode resolver-se como indicado em III.3 ou III.4, com redução da ordem mediante a transformação $y' = p$. Resulta a equação de variáveis separáveis

$$\kappa = \frac{p'}{\left(1 + p^2\right)^{3/2}} .$$

De modo equivalente, dado que $y'' = dy'/dx$, de imediato se verifica que (5.22) resulta da derivação de

$$\kappa x = \frac{y'}{\sqrt{1 + y'^2}} + \alpha ,$$

com α constante arbitrária. Esta nova equação, de primeira ordem, é não resolvida, resolúvel em ordem a y' (cfr. II.10.1). Vem

$$y' = \frac{\kappa x - \alpha}{\sqrt{1 + \left(\kappa x - \alpha\right)^2}} ,$$

de solução geral

$$\left(\kappa y - \beta\right)^2 + \left(\kappa x - \alpha\right)^2 = 1 \Leftrightarrow \left(y - C_2\right)^2 + \left(x - C_1\right)^2 = 1/\kappa^2 ,$$

equação da família de circunferências de raio $1/\kappa$ e centro no ponto arbitrário $\left(C_1, C_2\right) \equiv \left(\alpha/\kappa, \beta/\kappa\right)$.

---

[29]   Veja-se, por exemplo, Swokowski, Olinick, Pence (1994).

13 COMPORTAMENTO DO CONSUMIDOR

A aplicação 6 descreve um modelo matemático que visa estimar o efeito de campanhas publicitárias no volume de vendas de determinado produto. Na presente secção pretende avaliar-se o processo de decisão do consumidor individual, formulando-se um modelo de previsão do seu comportamento, enquanto consumidor de determinado produto.

Seja, por exemplo, o caso de um refrigerante (R). A variável independente é o tempo, t, considerando-se ainda as funções B, M e C, de t, medindo as seguintes características do consumidor de R:

$B(t)$: quantidade comprada de refrigerante R;

$M(t)$: motivação ou atitude perante o refrigerante R;

$C(t)$: nível de publicidade do refrigerante R.

Supõe-se que estas variáveis dependentes se relacionam mediante o sistema de equações diferenciais

$$\begin{cases} \dfrac{dB}{dt} = b(M - \beta B) \\ \dfrac{dM}{dt} = a(B - \alpha M) + \gamma C, \end{cases}$$

em que a, α, b, β e γ designam, na generalidade dos casos, constantes positivas. Pode converter-se este sistema de duas equações diferenciais lineares de primeira ordem em uma equação de segunda ordem (cfr. IV.1): isolando M na primeira equação, vem

$$M = \frac{1}{b}\frac{dB}{dt} + \beta B ;$$

substituindo na segunda equação, obtém-se

$$\frac{d}{dt}\left(\frac{1}{b}\frac{dB}{dt} + \beta B \right) = a\left(B - \frac{\alpha}{b}\frac{dB}{dt} - \alpha\beta B \right) + \gamma C \Leftrightarrow$$

$$\frac{d^2 B}{dt^2} + (b\beta + a\alpha)\frac{dB}{dt} + ab(\alpha\beta - 1)B = b\gamma C,$$

uma equação linear de segunda ordem, de coeficientes constantes, que relaciona a quantidade comprada de refrigerante, B, com o seu grau de publicidade, C.

Resolva-se, de acordo com III.5.2, a equação homogénea associada a esta equação,

$$\frac{d^2B}{dt^2} + (b\beta + a\alpha)\frac{dB}{dt} + ab(\alpha\beta - 1)B = 0,$$

cuja equação característica, $m^2 + (b\beta + a\alpha)m + ab(\alpha\beta - 1) = 0$, admite as raízes

$$m_1 = \frac{1}{2}\left[-(b\beta + a\alpha) + \sqrt{(b\beta - a\alpha)^2 + 4ab}\right],$$

$$m_2 = \frac{1}{2}\left[-(b\beta + a\alpha) - \sqrt{(b\beta - a\alpha)^2 + 4ab}\right].$$

Se todos os parâmetros são positivos, então ambas as raízes são reais e $m_2 < 0$. O sinal de m_1 depende do sinal de $\alpha\beta - 1$: se $\alpha\beta > 1\ (<1)$, então $m_1 < 0\ (>0)$. Pode-se assim escrever a solução geral da equação homogénea na forma $B_{GH} = c_1 e^{m_1 t} + c_2 e^{m_2 t}$. Note-se que, se $\alpha\beta < 1$, esta solução converge para zero, com $t \to +\infty$.

Determine-se B_p, solução particular da equação completa, a qual depende, obviamente, da forma de C. Admita-se, no caso mais simples, que o nível de publicidade permanece constante, ou seja, $C(t) = \overline{C}, \forall t > 0$. Facilmente se observa que uma solução particular da equação completa vem dada por

$$B_p = \gamma\overline{C}/[a(\alpha\beta - 1)].$$

Dois casos se devem considerar:

(*i*)   Se $\alpha\beta > 1$, então ambas as raízes da equação característica são negativas, logo $B_{GH} \to 0$ quando $t \to +\infty$. Donde,

$$B \to B_p + \lim_{t \to +\infty} B_{GH} = \gamma\overline{C}/[a(\alpha\beta - 1)].$$

Por outras palavras, a quantidade comprada do produto tende para um patamar de equilíbrio, o qual depende, evidentemente, de $\overline{C}$. A figura 10 ilustra este caso.

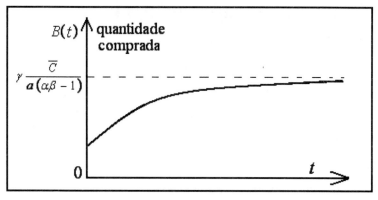

Figura 10
Nível de consumo, $\alpha\beta > 1$

(*ii*) Se $\alpha\beta < 1$, então a solução particular B_p é negativa, o que não tem importância, visto que a outra parte da solução verifica $B_{GH} \to +\infty$ (e não para zero), quando $t \to +\infty$. O mesmo sucede com a solução geral da equação completa, B. A situação ilustra-se na figura 11, esperando-se uma instabilidade no comportamento da solução. Por motivos práticos, é razoável supor que $\alpha\beta > 1$, de modo que o tipo de comportamento ilustrado na figura 10 tem mais possibilidades de ocorrer.

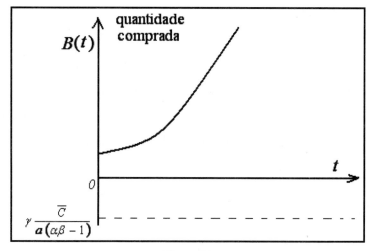

Figura 11
Nível de consumo, $\alpha\beta < 1$

14 UM PROBLEMA DE PROBABILIDADE: A DISTRIBUIÇÃO *POISSON*

A função de probabilidade *Poisson* proporciona um modelo realista para muitos fenómenos aleatórios. Dado que o suporte de uma variável aleatória que segue uma distribuição Poisson é o conjunto dos inteiros não negativos, qualquer fenómeno aleatório para o qual a variável de interesse resulta de algum tipo de contagem, constitui um candidato a modelização por este modelo de probabilidade. A variável de contagem pode ser, por exemplo, o número de emissões de partículas radioactivas por unidade de tempo, o total de veículos que passam num posto de portagem por hora, o número de organismos vivos por unidade de volume de determinado fluido, o número de defeitos por unidade de área de um tecido, o número de acidentes de trânsito mortais por ano em determinado país, etc.. Naturalmente, nem todos os tipos de contagem se podem modelizar com recurso à distribuição Poisson – mas, se o fenómeno em estudo verifica determinadas condições, o modelo Poisson é correcto.

Suponha-se que se observa a ocorrência de determinado fenómeno no tempo[30]; pretende-se obter a probabilidade de *n* ocorrências em determinado período de tempo. Para o efeito, admita-se a existência de uma quantidade positiva, v, que verifica

(*a*) A probabilidade de exactamente uma ocorrência num período de curta duração (h) é aproximadamente igual a vh. Formalmente,

$$P(\text{uma ocorrência no intervalo de duração } h) = vh + o(h),$$

em que $P(\cdot)$ designa a função de probabilidade e $o(h)$ designa um infinitésimo de ordem inferior a h, isto é, uma quantidade tal, que $\lim_{h \to 0} o(h)/h = 0$.

(*b*) A probabilidade de mais do que uma ocorrência num período de curta duração (h) é negligenciável, quando comparada com a probabilidade de apenas uma ocorrência no mesmo intervalo:

$$P(\text{duas ou mais ocorrências no intervalo de duração } h) = o(h).$$

---

[30] O fenómeno pode obviamente ocorrer ao longo do espaço, superfície ou comprimento. Por comodidade, restringe-se a exposição a ocorrências ao longo do tempo.

(*c*) Os números de ocorrências em intervalos de tempo não sobrepostos são independentes.

Dada a sua definição, a quantidade v pode interpretar-se como a taxa média de ocorrência do fenómeno por unidade de tempo.

A resposta à questão de interesse requer três leis da teoria das probabilidades[31]

(*i*) Se um acontecimento ocorre com certeza, então a sua probabilidade é igual a um.

(*ii*) Se um de dois acontecimentos pode ocorrer independentemente da ocorrência, ou não ocorrência, do outro, a probabilidade de ocorrência simultânea de ambos é igual ao produto das probabilidades individuais de cada um deles. Diz-se que os dois acontecimentos são independentes.

(*iii*) Se dois acontecimentos não podem ocorrer em simultâneo, a probabilidade de que um *ou* outro ocorra é igual à soma das probabilidades individuais.

Por conveniência, seja t um ponto (no tempo) situado após o momento 0; deste modo, os intervalos $]0,t]$ e $]t,t+h]$ têm amplitude igual, respectivamente, a t e h. Defina-se

$$P_n(s) = P_n[Z(s) = n] = P(\text{exactamente } n \text{ ocorrências no intervalo de amplitude } s);$$

dado o pressuposto de independência (*c*),

$$P_0(t+h) = P(\text{nenhuma ocorrência no ntervalo }]0,t+h]) =$$

$$P(\text{nenhuma ocorrência em }]0,t] \text{ } e \text{ nenhuma ocorrência em }]t,t+h]) =$$

$$P(\text{nenhuma ocorrência em }]0,t])P(\text{nenhuma ocorrência em }]t,t+h]) = P_0(t)P_0(h).$$

Dado que a soma das probabilidades de um acontecimento e da sua negação é sempre igual a um (um acontecimento, ou ocorre, ou não), as leis (*i*) e (*iii*) permitem escrever

$$P(\text{nenhuma ocorrência em }]t,t+h]) =$$

$$1 - P(\text{uma ou mais ocorrências em }]t,t+h]) =$$

$$1 - P(\text{uma ocorrência em }]t,t+h]) -$$

---

[31] Veja-se, por exemplo, Murteira, *et al.* (2008).

$$P(\text{mais do que uma ocorrência em }]t, t+h]) = 1 - vh - o(h) - o(h) \Rightarrow$$

$$P_0(t+h) = P_0(t)[1 - vh - o(h) - o(h)] \Leftrightarrow$$

$$\frac{P_0(t+h) - P_0(t)}{h} = -vP_0(t) - 2P_0(t)\frac{o(h)}{h}.$$

Passando ao limite, com $h \to 0$, obtém-se a equação diferencial (linear em $P_0(t)$,

ou de variáveis separáveis, $P_0(t)$ e t),

$$P_0'(t) = -vP_0(t),$$

cuja solução particular, com a condição inicial $P_0(0) = 1$ (num intervalo de amplitude

nula não há, de certeza, ocorrências), vem dada por

$$P_0(t) = e^{-vt}.$$

De modo análogo,

$$P_1(t+h) = P_1(t)P_0(h) + P_0(t)P_1(h) =$$

$$P_1(t)[1 - vh - o(h)] + P_0(t)[vh + o(h)],$$

o que conduz à equação diferencial linear em $P_1(t)$

$$P_1'(t) = -vP_1(t) + vP_0(t),$$

cuja solução particular, utilizando a condição inicial $P_1(0) = 0$ (probabilidade nula de

uma ocorrência num intervalo de amplitude nula), vem dada por

$$P_1(t) = (vt)e^{-vt}.$$

Continuando o raciocínio, obtém-se o sistema de equações diferenciais

$$P_n'(t) = -vP_n(t) + vP_{n-1}(t), n = 1, 2, 3, \ldots$$

Facilmente se obtém o seu integral geral, mediante a resolução sucessiva destas

equações, desde a primeira até à n-ésima, introduzindo em cada nova equação as

soluções obtidas nas equações anteriores (cfr. IV.3.2, método *ii.*). Vem assim a

expressão genérica da solução geral, dada através da função de probabilidade Poisson,

$$P_n(t) = \frac{(vt)^n e^{-vt}}{n!} = \frac{\mu^n e^{-\mu}}{n!}, n \in \aleph_0,$$

em que $\mu = vt$, denota o número médio de ocorrências por período de duração t.

Exercícios propostos

(Entre parêntesis indica-se o número da aplicação a que se refere o exercício proposto.)

1. (1) Habitualmente, calcula-se o montante de capital acumulado considerando juros compostos em períodos discretos de tempo (nomeadamente, ano, semestre, trimestre ou mês); para o efeito, utilizam-se sucessões que constituem progressões geométricas. Formule uma hipótese de relacionamento entre o crescimento observado para tais sucessões e o crescimento correspondente ao caso contínuo.

2. (2, ex. 1) Há valores de k, C e $N(0)$ para os quais se verifica um decréscimo da população estudantil?

3. (2, ex. 1) Admita que um dado país muito procurado como destino de trabalho decide impor um tecto para a taxa de imigração. Suponha que os governantes deste país adoptam, para modelo de crescimento populacional, a lei de Malthus modificada,

$$\frac{dN}{dt}(t) = kN(t) + C,$$

em que C representa uma taxa constante de imigração. Critique a equação escolhida para modelizar o crescimento descrito.

4. (2, ex. 3) Esboce a curva logística que descreve a situação do exemplo 3.

5. (4) O exemplo descrito na aplicação 4 constitui uma concretização de um caso mais geral, em que as funções procura e oferta se modelizam através de funções afins,

$$x_d(p) = a - bp, \; x_s(p) = \alpha + \beta p$$

em que a, b, α, β denotam constantes positivas, e a equação diferencial

$$\frac{dp}{dt}(t) = \lambda[x_d(p) - x_s(p)], \; \lambda > 0, \tag{A}$$

traduz o pressuposto de que a velocidade de variação do preço unitário do bem em questão é proporcional ao excedente da procura.

a) Determine o preço de equilíbrio do mercado.

b) Mostre que a equação (A) é linear de primeira ordem em p e calcule o seu integral geral.

c) Considere a equação da alínea anterior. Que condições se deve impor às constantes λ, a, α, b, β, de modo que o preço evolua sempre para o preço de equilíbrio?

6. (5.2) Seja $d_x = l_x - l_{x+1}$ o número de indivíduos que sobrevivem até à idade x mas morrem antes de atingir a idade $x+1$.

a) Mostre que, de acordo com o modelo de De Moivre, d_x é constante.

b) Mostre que, se l_x é uma função (mais precisamente: sucessão) quadrática, então d_x constitui uma progressão aritmética.

c) Admita que $l_x = a + bc^x$, em que a, b, c denotam constantes. Mostre que d_x constitui uma progressão geométrica.

7. (5.3) Mostre que, como descrito nesta aplicação, a taxa de risco corresponde à taxa instantânea de avaria.

8. (5.3) Deduza a expressão de $F(x)$ indicada em (5.7).

9. (5.4) Mostre que, de acordo com a Lei de Gompertz, μ_x constitui uma progressão geométrica (subentendendo, para tal, que x é uma variável discreta).

10. (5.4) Mostre que se, na lei de Gompertz, $c = 1$, então a duração de vida de um indivíduo é uma variável aleatória exponencial.

(Nota: Uma variável aleatória x diz-se *exponencial*, se é contínua, com função distribuição $F(x) = 1 - e^{-\alpha x}$, $x > 0$, α: constante real positiva.)

11. (5.4) Mostre que as constantes na lei de Gompertz satisfazem $\gamma > 0$, $c \leq 1$, $g < 1$.

12. (5.5) Mostre que, de acordo com a Lei de Makeham, a primeira diferença de μ_x constitui uma progressão geométrica (admitindo que x é variável discreta).

13. (5.5) Mostre que as constantes presentes na Lei de Makeham satisfazem $\gamma > 0$, $c \geq 1$, $g < 1$, $\delta \geq -\gamma$, $s > 0$.

14. (5.5) Mostre que, se $c = 1$ na Lei de Makeham, a duração de vida de um indivíduo é uma variável aleatória exponencial.

15. (6)

a) Analise a resposta das vendas de um produto face a uma campanha publicitária modelizada de acordo com aplicação **6.**, quando se adopta cada uma das seguintes especificações para a função taxa de publicidade:

i. $A(t) = \alpha t$, α constante positiva;

ii. $A(t) = \beta$, β constante positiva.

Em ambos os casos, considere $\lambda = 0$ e compare o total de vendas num intervalo $[0,T]$ quando o orçamento total para publicidade é fixo ou seja, quando

$$\int_0^T A(t)dt = A_0, \text{constante}.$$

b) Compare uma campanha publicitária constante com outra, constituída por dois períodos curtos de maior intensidade publicitária.

16. (7) Admita que no modelo de crescimento neo-clássico o capital decresce de acordo com $dK/dt = \mu K$, implicando que o investimento bruto seja agora dado por:

$$I(t) = \frac{dK}{dt}(t) + \mu K(t).$$

Assuma que L continua a ter um crescimento exponencial (i.é, $L(t) = L_0 e^{\lambda t}$). Considere por último que às variáveis Y, K, I e C correspondem as variáveis por trabalhador y, k, i e c, respectivamente.

a) Proceda de modo análogo ao da aplicação **7.** e mostre que se obtém a equação diferencial

$$\frac{dk}{dt}(t) = f(k) - (\mu + \lambda)k - c(t).$$

b) Assumindo que a taxa de poupança na economia em causa é s, o consumo por trabalhador é dado por: $c(t) = (1-s)f(k)$. Mostre que a equação dada em **a)** se converte em

$$\frac{dk}{dt}(t) = sf(k) - (\mu + \lambda)k.$$

17. (7) No modelo de crescimento neo-clássico, a especificação da função f como função afim não se coaduna com todas as propriedades das funções de produção. Nas condições do exercício **16.**, admita que f assume a forma de uma função de produção Cobb- Douglas,

$$f(k) = k^\alpha, \quad 0 < \alpha < 1.$$

Introduza esta função em **b)** e resolva a equação obtida, utilizando a substituição adequada (note-se que se trata de uma equação de Bernoulli, tipo II, cfr. II.7.2).

18. (9) Considere o modelo teia de aranha na versão contínua.

a) Resolva o problema abordado por este modelo sem recorrer à mudança de variável $Q(t) = P(t) - \overline{P}$ (deve obter uma equação diferencial linear de primeira ordem).

b) Resolva o problema, substituindo a terceira equação do modelo por cada uma das alternativas indicadas. Compare o resultado com o resultado obtido na aplicação 8.

$$\textit{i. } S(x) = c + \frac{d}{x} \int_0^x P(y)\,dy\,. \qquad\qquad \textit{ii. } S(x) = c + d \int_0^x \frac{2y}{x^2} P(y)\,dy\,.$$

19. (13) Descreve-se um modelo simplificado de economia nacional em termos das variáveis

Y: rendimento nacional

I: investimento

G: despesa governamental

C: despesas do consumidor

A procura, D, de bens e serviços vem dada por $D = C + I + G$, admitindo-se que $D = (1-s)Y$, em que s denota o coeficiente de poupança. Admite-se também que o rendimento reage ao excesso de procura, de acordo com

$$\frac{dY}{dt} = l(D - Y),$$

em que l é uma constante. Além disso, o investimento relaciona-se com o rendimento através da equação

$$\frac{dI}{dt} = m\left(a\frac{dY}{dt} - I \right),$$

com a, m constantes. Mostre que, supondo G constante, Y verifica uma equação do tipo

$$\frac{d^2 Y}{dt^2} + \alpha \frac{dY}{dt} + \beta Y = mlG\,.$$

Utilizando este modelo, que previsões se pode realizar a respeito do consumo?

20. (13) A política geral de inventários numa dada empresa descreve-se mediante a equação diferencial

$$\frac{dp}{dt} = -\delta(L(t) - L_0),$$

em que δ denota uma constante positiva, $L = L(t)$ é o nível do *stock* no instante t e L_0 é o nível desejado. O inventário varia de acordo com

$$\frac{dL}{dt} = Q - S \, ,$$

em que Q e S são, respectivamente, as funções de produção e de venda. Estas são modelizadas através de

$$Q = a - bp - c\frac{dp}{dt}, \qquad S = \alpha - \beta p - \gamma\frac{dp}{dt},$$

com todos os parâmetros positivos. Mostre que o preço unitário previsto, p, verifica a equação diferencial

$$\frac{d^2 p}{dt^2} + \delta(\gamma - c)\frac{dp}{dt} + \delta(\beta - b) = \delta(\alpha - a).$$

Mostre que, se $\alpha > a$, $\beta > b$, o preço tende a estabilizar à medida que t aumenta.

EXERCÍCIOS GERAIS

1. Considere a equação $t^2 \dfrac{d^2 y}{dt^2} + t \dfrac{dy}{dt} - y = b(t)$.

a) Verifique que para $b(t) \equiv 0$, a equação admite integrais particulares da forma $y = at^k$, (a constante).

b) Dado o resultado de **a)**, determine o integral geral da equação, com $b(t) \equiv 0$.

c) Utilize o método da variação das constantes para resolver a equação, considerando $b(t) \equiv t^5$; determine o integral particular que verifica as condições $y(1) = 5$, $y'(1) = 0$.

2. Integrar a equação $\dfrac{d^2 y}{dx^2} \cos x + \dfrac{dy}{dx} \sin x = y \cos^3 x$, efectuando para tal a mudança de variável $t = \sin x$.

3. Resolver $\dfrac{d^2 y}{dx^2} + \left(e^{2y} + x\right)\left(\dfrac{dy}{dx}\right)^3 = 0$, considerando y variável independente.

4. Resolver a equação $\left[1 + \left(\dfrac{dy}{dx}\right)^2\right]y^2 = f\left(x + y\dfrac{dy}{dx}\right)$, efectuando a mudança de variável $2z = x^2 + y^2$.

5. Resolver as seguintes equações:

a) $\dfrac{dy}{dx} + \dfrac{2y}{x} = 3x^2 y^{4/3}$.

b) $3\dfrac{dy}{dx} + \dfrac{2y}{x+1} = \dfrac{x^3}{y^2}$.

c) $(4y + 3x)\dfrac{dy}{dx} + y = 2x$.

d) $\dfrac{d^2 y}{dx^2} - 5\dfrac{dy}{dx} + 6y = e^{3x} + xe^{2x}$.

e) $(y' - x)^2 = y' + x$.

f) $x^2 \dfrac{d^2 y}{dx^2} + x\dfrac{dy}{dx} = 1$.

g) $\left(1+y^2\right)\left(e^{2x}dx-e^y dy\right)-\left(1+y\right)dy=0$.

h) $ye^y=\left(y^3+2xe^y\right)\dfrac{dy}{dx}$.

i) $\left(3y+2x-1\right)\dfrac{dx}{dy}+3x+y-1=0$.

j) $x^2\dfrac{d^2 y}{dx^2}-x\dfrac{dy}{dx}+3y=x+x\log x$.

k) $\dfrac{dy}{dx}=\dfrac{2y+x-3}{2x+y-1}$.

l) $y=x\dfrac{dy}{dx}+\dfrac{dx}{dy}\sqrt{1+\left(\dfrac{dy}{dx}\right)^2}$.

m) $xdx=\left(\dfrac{x^2}{y}-y^3\right)dy$.

n) $\dfrac{1}{y'}-x\dfrac{y''}{y'^2}=1$.

6. A equação $\left(x^2+a\right)\dfrac{dy}{dx}+2y^2-3xy-a=0$ admite o integral particular $y=x$. Determinar a solução particular, que satisfaz a condição $y(0)=1$.

7. Determinar a função $y(x)$, cuja curva representativa passa pelo ponto $(1,2)$ e admite a derivada $y/\left[x\left(\log x-y^3\right)\right]$.

8. Considere as seguintes definições:

$\dfrac{dy/y}{dx}$:   taxa de variação (instantânea) de y, por acréscimo unitário de x.

$\dfrac{dy/y}{dx/x}$:   elasticidade de y relativamente a x.

Determine a equação da família de funções que apresentam, respectivamente:

a) Taxa de variação constante.

b) Elasticidade constante.

c) Elasticidade directamente proporcional ao valor da função.

9. Determine a equação da família de curvas que apresentam as seguintes propriedades:

a) Declive da tangente à curva em cada ponto, igual à ordenada do ponto de tangência.

b) Declive da tangente à curva, proporcional à abcissa do ponto de tangência.

c) Declive da tangente em cada ponto da curva, igual a k vezes o declive da recta que une esse ponto à origem das coordenadas.

d) Tangente em cada ponto da curva coincidente com o raio vector que une a origem ao ponto.

10. Em cada alínea do número anterior determine a curva que passa pelo ponto $P(1,1)$.

11. Se um dado meio ambiente suporta, no máximo, m elementos, o acréscimo populacional, por unidade de tempo, pode ser dado por $x'(t) = kx(m - x)$, em que:

x: volume populacional, função do tempo, $x \equiv x(t)$,

t: tempo,

k: constante positiva.

Mostre que, nesta situação, se tem $\lim_{t \to \infty} x(t) = m$.

12. Integrar os sistemas

a)
$$\begin{cases} y' = y + 4z \\ z' = 2y + 3z. \end{cases}$$

b)
$$\begin{bmatrix} dx/dt \\ dy/dt \end{bmatrix} = \begin{bmatrix} 2 & -1 \\ 1 & 4 \end{bmatrix} \begin{bmatrix} x \\ y \end{bmatrix}.$$

13. Determinar a solução particular dos sistemas seguintes, que verificam as condições indicadas.

a)
$$\begin{cases} 7x' + y' + 2x = 29\sin t \\ x' + 3y' + y = 0, \end{cases} \quad x(0) = y(0) = 0.$$

b)
$$\begin{cases} x'' + 3y' - 4x + 6y = 10\cos t \\ x' + y'' - 2x + 4y = 0, \end{cases} \quad x(0) = y(0) = 0, x'(0) = 4, y'(0) = 2.$$

SOLUÇÕES DOS EXERCÍCIOS PROPOSTOS

I   INTRODUÇÃO

1   Definições preliminares

1.   **a)**   Equação diferencial ordinária, de primeira ordem e primeiro grau.

        b)   Equação diferencial parcial, de segunda ordem e primeiro grau.

        c)   Equação diferencial ordinária, de segunda ordem e terceiro grau.

3.   **a)** $\dfrac{dy}{dx} = \dfrac{y}{x}$.

        b) $\dfrac{dy}{dx}\left(1 + x - \log y\right) = y$.

        c) $\dfrac{dy}{dx} + \left(x + y\right)\tan y + 1 = 0$.

2   Mudança de variáveis

1.   **a)** $\dfrac{d^2 w}{dx^2} + w = 0$.

        b) $x^2 \dfrac{d^2 w}{dx^2} + 4x \dfrac{dw}{dx} + 2w = 0$.

        c) $\dfrac{dw}{dx} = \dfrac{w}{x}$.

2. $\dfrac{dz}{dx} = e^{-2w}\left(\dfrac{d^{m+1} y}{dw^{m+1}} - \dfrac{d^m y}{dw^m}\right)$.

3.   **a)** $t^4 \dfrac{d^2 y}{dt^2} + \left(2t^3 + 3t^2\right)\dfrac{dy}{dt} + 2y = 0$.

        b) $t^2 \dfrac{d^2 y}{dt^2} - 2t \dfrac{dy}{dt} + 2y = 0$.

        c) $\dfrac{d^2 u}{dx^2} + \left(\dfrac{du}{dx}\right)^2 - 3\dfrac{du}{dx} + 2 = 0$.

II   EQUAÇÕES DE PRIMEIRA ORDEM

3   Equação de variáveis separáveis

1. $1 + y = Cx^2(1 - y)$.

2. $\sec x = C - \tan y$.

3. $x^3 + 3y + 6\log(1 - y) = C$.

4. $\arctan y - \arcsin x = C$.

5. $y + a\log(y^2 + a^2) = C + x - 1/x$.

6. $\arctan y + y = C + x + \log x$.

7. $\tan y = C(1 - e^x)^3$.

8. $\log y - y - e^{-x}(x^2 + 2x + 2) = C$.

9. $x = C/\left(1 + \sqrt{1 - y^2}\right)$.

10. a) $\dfrac{y^2}{2} - \dfrac{y^3}{3} = e^{-x} - e^2$.

    b) $y^4 = \dfrac{4}{3}\log\dfrac{x^3 - 3x}{2}$.

4   Equação diferencial total exacta

1. $(x - 1)\log(y^2 + 1) = C$.

2. $x^3 + y^3 + 2x^2 y = C$.

3. $(x + y)(ax^2 + 2xy + by^2) = C$.

4. $x^2 \log y = C$.

5. $y\cos x - x\sin y = C$.

6. $1 + xy = C(x + y)$.

7. $\dfrac{x^2}{2} + ye^{x/y} = C$.

8. $\dfrac{x^2 - y^2}{2} + xy\log y = C$.

Soluções dos Exercícios Propostos

9.   **a)** $x^2 \sin y + y \cos x = \pi^2/8$.

       b) $y^2 \log y = xy$.

       c) $xy - e^x = ab - e^a$.

5   Método do factor integrante

1. $x + y - 1 = Ce^{-x}$.

2. $x + y = C \cos y$.

3. $x^3 + y^3 + 3xy = Cx^2$.

4. $e^y + xy(\log x - 1) = C$.

5.   **a)** $\log(xy) + xe^y = e$.

       b) $x \sec y - \tan y = 2$.

6   Equação linear de primeira ordem

1. $y = \dfrac{C}{x} + \dfrac{x}{4}(2\log x - 1)$.

2. $y = C(x+1) + x^4$.

3. $y = \sin x - 1 + Ce^{-\sin x}$.

4. $x = y^2\left(1 + Ce^{1/y}\right)$.

5. $y = ax + Cx\sqrt{1 - x^2}$.

6. $y\left(x + \sqrt{1 + x^2}\right) = C + x^2 + x\sqrt{1 + x^2} - \log\left(x + \sqrt{1 + x^2}\right)$.

7. $y = (C + 2x)\sec 2x + \tan 2x$.

8. $y = Ce^x - x - 1 - \dfrac{1}{2}(\sin x + \cos x)$.

9.   **a)** $x = e^{\int -\varphi(y)dy}\left\{\int\left[e^{\int \varphi(y)dy}\right]\psi(y)dy + \alpha\right\}$.

       b) $x = e^{3y}\left(Cy^2 - 2y\right)$.

10. $y = e^x\left(\log x + \dfrac{x^2}{2} + C\right)$.

7 Equações redutíveis à forma linear

7.1 Equação de Bernoulli — tipo I

1. $\log y = \dfrac{x}{2}\left(\log x - \dfrac{1}{2}\right) + \dfrac{C}{x}$.

2. $\sin y = \cos x\left[\log(\sec x + \tan x) + \tan x + C\right]$.

3. $x^3 = Ce^{ay} - \dfrac{y+1}{a} - \dfrac{1}{a^2}$.

7.2 Equação de Bernoulli — tipo II

1. $y = \dfrac{x}{C - x^2}$.

2. $x\left[(2 - y^2)e^{y^2/2} + C\right] = e^{y^2/2}$.

3. $y = \left(C\sec^2 x + 2\sec x \tan x\right)^{-1/2}$.

4. $y = \dfrac{3x - 6}{5 - 6x}$.

5. $y^2 = x(C - \log x)$.

7.3 Equação de Ricatti

1. $y = 1 + \dfrac{1}{Ce^x + x}$.

2. **a)** $a = 1$.

    b) $y = x + \dfrac{1}{Ce^{-x} + x - 1}$.

8 Equação homogénea

1. $\log\sqrt{x^2 + y^2} - \arctan\dfrac{y}{x} = C$.

2. $\sqrt{x^2 + y^2} + y = Cx^2$.

3. $\sin\dfrac{y}{x} = C - \log x$.

4. $y(y+3x)^5 = Cx^3$.

5. $\tan\dfrac{y}{x} = C - \log x$.

6. $(x-y)^2\left[\log(x-y)+C\right] = 4xy - 2x^2$.

7. $\log\dfrac{y}{x} - 1 = Cx$.

8. $\log x - \dfrac{x}{y} = C$.

9. $\log(xy) - e^{x/y} = C$.

10. $\log x = \displaystyle\int \dfrac{dv}{v - f\left[(a+bv)/cv\right]} + C, \; v = \dfrac{y}{x}$.

9 Equações homográficas

1 $\Delta = 0$

a) $(x-2y)^2 + 6x - 10y = C$.

b) $(a+1)(y-x) + 2b\log[(a+1)(y+ax)+b(a-1)] = C$.

c) $16y - 4x + 8\log\left(x^2 + 2xy + y^2 + 2x + 2y + 2\right) - 3\arctan(x+y+1) = C$.

2 $\Delta \neq 0$

a) $(x-y+1)(x+y+2)^2 = C$.

b) $(x+y-1)^3 = C(x-y+1)^2$.

c) $\cos\dfrac{y+5}{x} = 1 - Cx\sin\dfrac{y+5}{x}$.

10 Equações de primeira ordem não resolvidas

1. $(y-C)^2 = 4Cx$.

2. $\left(2y - x^2 + C\right)\left(y^2 - 2x + C\right) = 0$.

3. $(y-C)\left[y^2 + C^2 - Cy\left(e^{x^2} + e^{-x^2}\right)\right] = 0$.

4. $y = Cx + \sqrt{1 + C^2}$.

5. $y = Cx + \dfrac{1}{C}$.

6. $\begin{cases} x = Ce^{-p} + 2 - 2p \\ y = C(1+p)e^{-p} + 2 - p^2. \end{cases}$

7. $\left(1 + \sin x - Ce^y\right)\left[\cos^2 x - \left(1 + \sin x\right)Ce^y\right] = 0$.

8. $\left(x + C\right)^2 = 4a\left(y + C\right).$

III EQUAÇÕES DE ORDEM SUPERIOR

2 - 4

1. $y = e^x(x-3) + C_1 x^2 + C_2 x + C_3$.

2. $y = x^2 \log x + C_1 x^2 + C_2 x + C_3$.

3. $y = \dfrac{x^{m+n} m!}{(m+n)!} + C_1 x^{n-1} + C_2 x^{n-2} + \ldots + C_{n-1} x + C_n$.

4. $y = C_1 \log x + C_2$.

5. $y^2 = C_1 x + C_2$.

6. $y = C_1 + x + C_2 x e^x$.

7. $\dfrac{\left(x + C_1\right)^4}{12} + C_2 x + C_3$.

8. $C_1 e^x = \dfrac{y - C_2}{y + C_2}$.

9. $y = \dfrac{x + C_1}{x + C_2}$.

5 Equação linear de ordem n

5.2.1 Equação homogénea de coeficientes constantes

1. $y = C_1 e^{3x} + C_2 e^{-3x}$.

2. $y = C_1 \sin x + C_2 \cos x$.

3. $y = C_1 e^{3x} + C_2 e^{4x}$.

Soluções dos Exercícios Propostos

4. $y = (C_1 + C_2 x)e^{2x}$.

5. $y = C_1 e^{2x} + C_2 e^{-2x} + C_3$.

6. $y = C_1 e^{\sqrt{2}x} + C_2 e^{-\sqrt{2}x} + C_3 \sin(2x) + C_4 \cos(2x)$.

7. $y = C_1 e^{3x} + C_2 e^{-2x} + C_3$.

8. $y = C_1 e^{\sqrt{3}x} + C_2 e^{-\sqrt{3}x} + C_3 e^{3x} + C_4 e^{-3x}$.

9. $y = e^{3x}[C_1 \sin(2x) + C_2 \cos(2x)]$.

10. $y = (C_1 + C_2 x)\sin(nx) + (C_3 + C_4 x)\cos(nx)$.

11. $y = C_1 e^x + e^{\frac{-x}{2}}\left(C_2 \sin\dfrac{\sqrt{3}x}{2} + C_3 \cos\dfrac{\sqrt{3}x}{2}\right)$.

12. $y = C_1 e^{2x} + C_2 e^x + C_3 e^{-3x}$.

13. $y = (C_1 + C_2 x + C_3 x^2)e^x + C_4$.

14. $y = C_1 e^{2x} + C_2 e^{-5x}$.

15. $y = e^{-x}[C_1 \sin(3x) + C_2 \cos(3x)]$.

16. $y = C_1 e^{\frac{-x}{2}} + e^x(C_2 \sin x + C_3 \cos x)$.

17. $y = \sum_{i=1}^{n} C_i x^{i-1} + C_{n+1} \cos x + C_{n+2} \sin x$.

18. **a)** $y = 2e^{2x} - 2e^x$.

　　b) $y = e^{2x} - 1$.

5.2.2 Equação não homogénea de coeficientes constantes

1. $y = C_1 \sin x + C_2 \cos x + (C_3 + C_4 x)e^x + a$.

2. $y = \left(C_1 + C_2 x + \dfrac{x^2}{2}\right)e^x + C_3$.

3. $y = C_1 \sin(ax) + C_2 \cos(ax) + \dfrac{x\sin(ax)}{2a}$.

4. $y = C_1 e^{4x} + C_2 e^{5x} + \dfrac{2x^2 + 6x + 7}{4}e^{3x}$.

5. $\quad y = \left(C_1 - \dfrac{x^2}{16}\right)\sin(2x) + \left(C_2 - \dfrac{x}{32}\right)\cos(2x) + \dfrac{x}{8}$.

6. $\quad y = \left(C_1 \cos\dfrac{\sqrt{3}x}{2} + C_2 \sin\dfrac{\sqrt{3}x}{2}\right)e^{x/2} + x^3 + 3x^2$.

7. $\quad y = C_1 e^x + C_2 e^{7x} + 2$.

8. $\quad y = \left(C_1 + \dfrac{x}{2}\right)e^x + C_2 e^{-x}$.

9. $\quad y = \left[\left(C_1 + \dfrac{x}{4}\right)\sin(2x) + C_2 \cos(2x)\right]e^x$.

10. $\quad y = \left(C_1 + C_2 x + \dfrac{x^2}{2}\right)e^x + C_3 + C_4 x$.

11. $\quad y = C_1 e^{-x} + \left(\dfrac{3x}{2} - \dfrac{15}{4}\right)e^x + C_2 + C_3 x + \dfrac{3}{2}x^2 - \dfrac{1}{3}x^3 + \dfrac{1}{12}x^4$.

12. $\quad y = C_1 + C_2 x + C_3 x^2 + C_4 e^{-x} + \dfrac{1}{1088}\left[4\cos(4x) - \sin(4x)\right]$.

13. $\quad y = \left[C_1 + C_2 x + \dfrac{1}{4}x^2 - \dfrac{1}{8}\cos(2x)\right]e^{2x}$.

14. $\quad y = \left(C_1 + C_2 x + \dfrac{1}{4}x^2\right)e^x + (C_3 + C_4 x)e^{-x} + C_5 \cos x + C_6 \sin x$.

15. $\quad y = C_1 \cos x + C_2 \sin x + \log\cos x + \sin x \log(\sec x + \tan x) - 1$.

16. $\quad y = \sin(2x)(C_1 + \log\cos x) + \cos(2x)(C_2 - x)$.

17. $\quad y = \left[C_1 + C_2 x + \dfrac{x^2}{2}\left(\log x - \dfrac{3}{2}\right)\right]e^x$.

18. $\quad y = (C_1 + C_2 x - 1 - \log x)e^{3x}$.

19. $\quad y = (C_1 \cos x + C_2 \sin x + \cos x \log\cos x + x\sin x)e^x$.

20. $\quad y = C_1 + C_2 e^{-x} + (1 + e^{-x})\log(1 + e^x) - 1$.

21. a) $\quad y = \cos(2x) + \dfrac{1}{3}\left[\sin x + \sin(2x)\right]$.

Soluções dos Exercícios Propostos 207

b) $\quad y = x - 2 + e^{-x} + \left(\cos \dfrac{\sqrt{3}x}{2} + \dfrac{1}{\sqrt{3}} \sin \dfrac{\sqrt{3}x}{2} \right) e^{-x/2}$.

c) $\quad y = e^{-x} + \dfrac{1}{2} e^{x} (x - 1)^{3}$.

5.3 Equação linear de coeficientes variáveis

1.   **a)** $\quad y = C_1 \sqrt{x} + C_2 x^2 - \dfrac{x}{3}$.

       b) $\quad y = C_1 x + \dfrac{C_2}{x} + x \log x - \dfrac{x}{2}$.

2. $\quad y = C_1 \arctan x + C_2 + \dfrac{1}{x}$.

3. $\quad y = \dfrac{C_1}{x} + C_2 x$.

4. $\quad y = C_1 \sqrt{x} + C_2 x^2 - \dfrac{x}{3}$.

5. $\quad y = x^2 \left(C_1 x^{\sqrt{2}} + C_2 x^{-\sqrt{2}} \right)$.

6. $\quad y = \sqrt{x} \left[C_1 \cos \left(\dfrac{\sqrt{3}}{2} \log x \right) + C_2 \sin \left(\dfrac{\sqrt{3}}{2} \log x \right) \right]$.

7. $\quad y = C_1 + x^{3/2} \left(C_2 x^{\sqrt{5}/2} + C_3 x^{-\sqrt{5}/2} \right)$.

8. $\quad y = C_1 x + C_2 \sqrt{x} + \dfrac{x^2}{3}$.

9. $\quad y = C_1 \cos \log x + C_2 \sin \log x + \log x$.

10. $\quad y = x^a \left(C_1 + C_2 \log x \right) + \dfrac{x^{1-a}}{(2a - 1)^2}$.

11. $\quad y = \sqrt{x} \left(C_1 + C_2 \log x + \dfrac{1}{8} \log^2 x \right)$.

12. $\quad y = C_1 x \log x + C_2 x^2 + C_3 x$.

13. $\quad y = \dfrac{x^3}{2} - \log x \left(x + x^2 - \dfrac{x^2}{2} \log x \right)$.

IV SISTEMAS DE EQUAÇÕES DIFERENCIAIS

2 Sistemas normais

1.
$$\begin{cases} z_1' = z_4 \\ z_2' = z_5 \\ z_3' = z_6 \\ z_4' = g_1(x, z_1, z_2, z_3, z_4, z_5, z_6) \\ z_5' = g_2(x, z_1, z_2, z_3, z_4, z_5, z_6) \\ z_6' = g_3(x, z_1, z_2, z_3, z_4, z_5, z_6). \end{cases}$$

2. **a)**
$$\begin{cases} y_1 = C_1 \cos x + C_2 \sin x + 1 \\ y_2 = \dfrac{1}{1 - x - C_1 \sin x + C_2 \cos x}. \end{cases}$$

b) $C_1 > 0:$
$$\begin{cases} y_1 = \sqrt{C_1} \, \tan\left[\sqrt{C_1}(x + C_2)\right] \\ y_2^2 = C_1 \sec^2\left[\sqrt{C_1}(x + C_2)\right]. \end{cases}$$

$C_1 = 0:$
$$\begin{cases} y_1 = \dfrac{-1}{x + C_2} \\ y_2^2 = \dfrac{1}{(x + C_2)^2} \end{cases}$$

$C_1 < 0:$
$$\begin{cases} y_1 = \sqrt{-C_1} \, \dfrac{1 + e^{2\sqrt{-C_1}(x + C_2)}}{1 - e^{2\sqrt{-C_1}(x + C_2)}} \\ y_2^2 = \dfrac{-4C_1 e^{2\sqrt{-C_1}(x + C_2)}}{\left[1 - e^{2\sqrt{-C_1}(x + C_2)}\right]^2}. \end{cases}$$

3.
$$\begin{cases} y_1 = \dfrac{1}{x} + x - 2 \\ y_2 = \dfrac{x}{-x^2 + 3x - 1}. \end{cases}$$

Soluções dos Exercícios Propostos

4. **a)**
$$\begin{cases} y = C_1 e^t + C_2 e^{-2t} + \dfrac{3}{28} e^{5t} \\ x = C_1 e^t + \dfrac{1}{4} C_2 e^{-2t} - \dfrac{29}{28} e^{5t}. \end{cases}$$

b)
$$\begin{cases} y = e^{2x}\left[C_1 \cos(3x) + C_2 \sin(3x)\right] \\ z = \dfrac{1}{2} e^{2x}\left[(-C_1 - 3C_2)\cos(3x) + (3C_1 - C_2)\sin(3x)\right]. \end{cases}$$

3   Sistemas lineares de coeficientes constantes

1.
$$\begin{cases} y = C_1 \cos x + C_2 \sin x \\ z = C_2 \cos x - C_1 \sin x. \end{cases}$$

2.
$$\begin{cases} y = -2 + 3 e^x \\ z = -1 + 2 e^x. \end{cases}$$

3.
$$\begin{bmatrix} y \\ z \end{bmatrix} = \begin{bmatrix} C_1 e^{3x} + C_2 e^{2x} \\ -\dfrac{C_1}{2} e^{3x} - C_2 e^{2x} \end{bmatrix}.$$

4.
$$\begin{cases} y = C_1 e^{-x/4} + C_2 e^{-2x/5} \\ z = C_1 e^{-x/4} - \dfrac{C_2}{2} e^{-2x/5}. \end{cases}$$

5.
$$\begin{cases} x = e^t + e^{-t} \\ y = 1 + e^t - e^{-t} \\ z = -e^t + e^{-t}. \end{cases}$$

6. **1.**
$$\begin{cases} y = C_1 \cos x + C_2 \sin x + \dfrac{1}{3}\sin(2x) \\ z = C_2 \cos x - C_1 \sin x - \dfrac{1}{3}\cos(2x). \end{cases}$$

2.
$$\begin{cases} y = C_1 + \left(C_2 - \dfrac{3}{2} + 6x\right) e^x - \dfrac{5}{2} e^{-x} \\ z = \dfrac{C_1}{2} + \left(\dfrac{2}{3}C_2 + 4x\right) e^x - e^{-x}. \end{cases}$$

$$3. \quad \begin{cases} y = C_1 e^{3x} + \left(C_2 - 2 + x\right)e^{2x} + 2e^x \\ z = -\dfrac{C_1}{2} e^{3x} + \left(C_2 - x\right)e^{2x} - \dfrac{3}{2}e^x. \end{cases}$$

$$4. \quad \begin{cases} y = C_1 e^{-x/4} + C_2\, e^{-2x/5} \\ z = C_1 e^{-x/4} - \dfrac{C_2}{2}\, e^{-2x/5} + 15. \end{cases}$$

$$7. \quad \begin{cases} y = -10 e^{-x/4} + 10\, e^{-2x/5} \\ z = -10 e^{-x/4} - 5\, e^{-2x/5} + 15\,. \end{cases}$$

$$8. \quad \begin{cases} y = 3\left(1 - x^2\right)\sin x + 14x \cos x \\ z = \left(1 - x^2\right)\cos x\,. \end{cases}$$

V APLICAÇÕES

1.   Seja $S_{k,t}$ o montante acumulado ao fim de t anos, quando se deposita um montante inicial $S_{k,0}$, à taxa de juro r, composta em k períodos ($r > 0, k = 1,2,3,\ldots$ fixos). Verifica-se um crescimento geométrico, pois

$$S_{k,t+1} = S_{k,t}\left(1 + r/k\right);$$

desta expressão resulta, por indução,

$$S_{k,t} = S_{k,0}\left(1 + r/k\right)^t,$$

donde, $\lim_{k \to +\infty} S_{k,t} = e^{kt} S_{k,0}$. Assim, ao crescimento geométrico (caso discreto) corresponde o crescimento exponencial (caso contínuo).

2.   Face às hipóteses adoptadas, a resposta é negativa (apenas admitindo que k possa também assumir valores negativos).

3.   A equação escolhida prevê, como solução, um crescimento exponencial para a população. Tal modelo é inadequado, por não ter em conta limitações de diversa ordem (por exemplo, ao nível das provisões alimentares, do emprego e da habitação), que, por si só, justificam um tecto máximo populacional para que a população deverá tender.

5.

a) $p^* = (a - \alpha)/(b + \beta)$.

b) A equação equivale a $dp/dt + \lambda(b + \beta)p = \lambda(a - \alpha)$; o integral geral vem dado por $p(t) = p^* + Ce^{-\lambda(b+\beta)t}, C \in \Re$.

c) Dado que λ, b, β são positivos, verifica-se sempre a convergência para o preço de equilíbrio.

15.

a) **i.** $S(t) = \begin{cases} M + (S_0 - M)e^{-bt^2/2}, & \text{se } 0 \le t < \sqrt{2A_0/\alpha} \\ S_T, & \text{se } t \ge \sqrt{2A_0/\alpha} \end{cases}$, $b = r\alpha/M$.

ii. $S(t) = \begin{cases} M + (S_0 - M)e^{-bt}, & \text{se } 0 \le t < A_0/\beta \\ S_T, & \text{se } t \ge A_0/\beta \end{cases}$, $b = r\beta/M$.

17. Integral geral: $k(t) = \left[\theta e^{(1-\alpha)(\lambda+\mu)t} + \dfrac{s}{\lambda+\mu} \right]^{\frac{1}{1-\alpha}}$, $\theta \in \Re$.

18.

a) Equação diferencial linear: $\dfrac{dp}{dt} + \left(\dfrac{b+d}{b} \right)p = \dfrac{a-c}{b}$;

Integral geral: $p(t) = \overline{P} + Ce^{-[(b+d)/b]t}$, $C \in \Re$.

b) **i.** Equação diferencial linear: $\dfrac{dp}{dt} + \left(\dfrac{b+d}{b} \right)\dfrac{1}{t}p = \dfrac{a-c}{b}\dfrac{1}{t}$;

Integral geral: $p(t) = \overline{P} + Ct^{-(b+d)/b}$, $C \in \Re$.

ii. Equação diferencial linear: $\dfrac{dp}{dt} + 2\left(\dfrac{b+d}{b} \right)\dfrac{1}{t}p = \dfrac{2(a-c)}{b}\dfrac{1}{t}$;

Integral geral: $p(t) = \overline{P} + Ct^{-2(b+d)/b}$, $C \in \Re$.

EXERCÍCIOS GERAIS

1. **a)** $y = at^{\pm 1}$.

b) $y = C_1 t + C_2 t^{-1}$.

2. $y = C_1 e^{\sin x} + C_2 e^{-\sin x}$.

3. $x = C_1 e^{-y} + C_2 e^y + \dfrac{e^{2y}}{3}$.

4. $(x - C)^2 + y^2 = f(C)$.

5. **a)** Equação de Bernoulli em y. $x^{-2/3} y^{-1/3} + \dfrac{3}{7} x^{7/3} = C$.

b) Bernoulli em y. $y^3 (x+1)^2 - \dfrac{x^6}{6} - 2\dfrac{x^5}{5} - \dfrac{x^4}{4} = C$.

c) Homogénea. $\log(2y^2 + 2xy - x^2) + \dfrac{1}{\sqrt{3}} \log \dfrac{2y + x - \sqrt{3}x}{2y + x + \sqrt{3}x} = C$.

d) Linear de segunda ordem. $y = (C_1 + x)e^{3x} + \left(C_2 - x - \dfrac{x^2}{2} \right) e^{2x}$.

e) Primeira ordem, não resolvida. $4\left[6y - 3(x^2 + x) + C \right]^2 = (4x + 1)^3$.

f) Linear de Euler. $y = \dfrac{1}{2} \log x (\log x + C_1) + C_2$.

g) Variáveis separáveis. $\dfrac{1}{2} e^{2x} - e^y - \arctan y - \dfrac{1}{2} \log(1 + y^2) = C$.

h) Linear em x. $x = y^2 (C - e^{-y})$.

i) Diferencial exacta. $x^2 - x + 3xy + \dfrac{1}{2} y^2 - y = C$.

j) Linear de Euler. $y = \dfrac{x}{2} \left[\log x + 1 + C_1 \cos(\sqrt{2} \log x) + C_2 \sin(\sqrt{2} \log x) \right]$.

k) Homográfica, $\varDelta \neq 0$. $\dfrac{3(x + y) - 4}{3(x - y) + 6} = C(3x + 1)$.

l) Clairaut. $y = Cx + \dfrac{1}{C} \sqrt{1 + C^2}$.

m) Bernoulli em x ou método do factor integrante. $x^4 + y^4 = Cy^2$.

n) Segunda ordem, incompleta em y. $y = x + C_2 - C_1 \log(x + C_1)$.

6. $y = x + \dfrac{a}{\sqrt{a}\sqrt{x^2 + a + 2x}}$.

Soluções dos Exercícios Propostos

7. $\dfrac{y^2}{2} + \dfrac{1}{y}\log x = 2$.

8. **a)** $y = Ce^{kx}$.

    b) $y = Cx^k$.

    c) $y = \dfrac{1}{C - k\log x}$.

9. **a)** $y = Ce^x$.

    b) $y = kx^2 + C$.

    c) $y = Cx^k$.

    d) $y = Cx$.

10. **a)** $y = e^{x-1}$.

    b) $y = kx^2 + 1 - k$.

    c) $y = x^k$.

    d) $y = x$.

12. **a)** $\begin{cases} y = C_1 e^{5x} - 2C_2 e^{-x} \\ z = C_1 e^{5x} + C_2 e^{-x}. \end{cases}$

    b) $\begin{cases} x = (C_1 + C_2)e^{3t} - 4C_2 t e^{3t} \\ y = (C_2 - C_1)e^{3t} + 4C_2 t e^{3t}. \end{cases}$

13. **a)** $\begin{cases} x = \dfrac{1}{17}\left(\dfrac{116}{3}e^{-t/4} + \dfrac{85}{3}e^{-2t/5} + 21\sin t - 67\cos t \right) \\ y = \dfrac{1}{17}\left(\dfrac{116}{3}e^{-t/4} - \dfrac{170}{3}e^{-2t/5} - 13\sin t + 18\cos t \right). \end{cases}$

    b) $\begin{cases} x = 2e^{2t} - 3t\sin t - 2\cos t \\ y = (1 - 2t)\sin t + t\cos t. \end{cases}$

BIBLIOGRAFIA

AGUDO, F. R. (1992), *Análise real, vol. III*, Lisboa, Escolar Editora.

BINMORE, K., J. Davies (2001), *Calculus – Concepts and Methods*, Cambridge, Cambridge University Press.

BRAUN, M. (1983), *Differential Equations and Their Applications:An Introduction to Applied Mathematics, 3rd. ed.*, New York, Springer-Verlag.

BURGHES, D.N., M.S. Borrie (1981), *Modelling with Differential Equations*, Chichester, John Wiley and Sons.

FRY, T. C., *Elementary Differential Equations*, New York, D. Van Nostrand Company, Inc..

HIGGINS, T. (2003), "Mathematical Models of Mortality", in *Papers presented at the Workshop on Mortality and Forecasting*, Australian National University.

MURTEIRA, B., C. Silva Ribeiro, J. Andrade e Silva, C. Pimenta (2008), *Introdução à estatística, 2ª ed.*, McGraw-Hill de Portugal.

ROMER, D. (2005), *Advanced Macroeconomics, 3rd. ed.*, McGraw-Hill/Irwin.

SARAIVA, M. A., M. A. Silva (1993), *Cálculo diferencial em R^n, 2ª ed.*, Coimbra, Almedina.

SHULMAN, B. (1997), "Using Original Sources to Teach the Logistic Equation", *The UMAP Journal*, 18:4, 375-400.

SILVA, J.C. (1994), *Princípios de análise matemática aplicada*, Ed. McGraw-Hill de Portugal, Lisboa.

SOLOW, R. M. (1957). "Technical Change and the Aggregate Production Function", *Review of Economics and Statistics* 3:3, 312-320

SWOKOWSKI, E., Olinick, Pence (1994), *Calculus*, 6*th* *ed.*, Brooks/Cole.

SYDSAETER, K., P.J. Hammond (1995), *Mathematics for Economic Analysis*, Prentice-Hall Int. Eds., New Jersey.

WOLFE, H.B., M.L. Vidale, (1957), *An Operations-Research Study of Sales Response to Advertising*, Operations Research, Vol. 5, No. 3, pp. 370-381.

ZILL, D., M. Cullen (2008), *Differential Equations with Boundary-Value Problems*, Brooks-Cole.

ZILL, D. (1997), *A First Course in Differential Equations with Modelling Applications*, 6*th* *ed.*, Boston, PWS – Kent.